베스트셀러 절대로 읽지 마라

내 곁에 있는 책이 나를 말해 준다

베스트셀러 절대로 읽지 마라

김욱 지음

모아북스
MOABOOKS

이 책은 누구를 위해 필요하며, 그 이유는 무엇인가?

한 해 출판되는 책의 수는 약 2만 권에 달한다. 그리고 2만 권의 책 중에서 일주일에 5천 권가량 판매되는 책이 종합 베스트셀러 10위 안에 들어간다.

어제오늘 일은 아니지만 출판계에서 오랫동안 관행처럼 반복되는 악순환이 있다. 바로 '사재기'다. 자기 출판사 책을 구입해서 베스트셀러 순위권에 진입시키는 방법인데, 교보문고나 영풍문고 같은 오프라인 서점과 대형 인터넷 서점을 대상으로 자기들이 낸 책을 대량으로 주문하거나 아르바이트를 고용해 무더기로 책을 구입한다. 이렇게 해서 베스트셀러 목록에 올라가면 지방의 소형 서점들이 구매 기준으로 삼아 주문량이 늘어나게 된다.

베스트셀러 집계는 토요일마다 신문, 방송 등을 통해 다시 유포되는 만큼 그 파급력이 크다. 출판사가 베스트셀러에 집착할 수밖에 없는 이유다.

사재기 방법은 단순하다. 정가가 1만 원인 책이라면 서점에는 약 6천 원씩에 공급하게 된다. 그것을 온오프라인 서점에서 1만 원에 다시 구입하는 것이다. 여기서 일단 4천 원의 비용이 발생한다. 일주일에 5천 권의 책을 구입한다고 가정했을 때 권당 4천 원씩, 대략 2천만 원의 비용이 발생하는 것이다. 2천만 원이라는 돈이 적지는 않으나 신문광고 혹은 텔레비전, 라디오 광고 비용에 비하면 그리 큰 액수는 아니다. 게다가 한 번의 광고로 그치지 않고 대형 서점의 종합 베스트셀러 10위권 목록에 자사의 책이 떡하니 올라가는 것이니 출판사 입장에서는 최선의 광고 활동이라고도 할 수 있다. 문제는 그 피해를 소비자가, 즉 독자인 우리들이 감수해야 한다는 점이다.

예를 들어 최근에만 해도 소설가 황석영 씨와 김연수 씨의 책이 사재기로 판명되어 큰 물의를 일으켰다. 특히 황석영 씨 같은 경우에는 출판사의 독단적인 사재기 행태에 분노하여 절필 선언까지 했다. 베스트셀러라는 욕심 때문에 좋은 작가가 큰 상처를 받게 되었고, 그의 책을 사랑하는 독자들도 덩달아 마음의 상처를 안게 되었다.

한 해 2만 권이나 쏟아져 나오는 책의 홍수 속에서 나에게 필요한 책을 찾고 고른다는 것은 바쁜 일상에 지쳐 있는 우리들에게 결코 손쉬운 활동은 아니다. 독서가 취미라 해도 책을 펼쳐 읽기까지의 과정이 단순하지만은 않다. 그럴수록 우리의 눈은 베스트셀러 목록에 자연스레 쏠리게 된다. 도서관에 가서도 많이 빌려 본 책이 무엇인지를 찾아 고른다. 남들이 좋다고 말하는 책을 믿게 되는 것이다.

이를 악용해 최근에는 매우 악의적인 수법까지 등장했다. 특정 인터넷 사이트 혹은 북카페를 이용하는 방식이다. 우선은 서평단을 모집한다. 서평단 가입 조건은 대형 서점 회원이다. 이들에게 언제까지 자사에서 발간한 책을 구매하도록 한 후에 특정 사이트에 서평을 올리라고 지시한다. 이 과정이 끝나면 출판사에서 영수증 처리를 해준다. 서평단에 가입한 사람은 공짜로 책이 생기는 것이다. 이런 서평단을 전문적으로 운영하는 출판사와 인터넷 사이트가 있다.

대형 온라인 서점의 독자 평점과 장문의 서평도 순수하게 바라볼 수 없는 것은 출판사가 고용한 이가, 혹은 편집자가 직접 서평을 써서 올렸다는 의문을 지울 수 없기 때문이다.

어찌 보면 슬픈 일이다. 책은 마음의 양식이라 했는데, 우리의 내면에까지 자본을 앞세운 마케팅이 급습하고 있는 실정이다.

내가 이 책을 쓰게 된 까닭은 지금처럼 베스트셀러만이 주목받고, 베스트셀러라는 이유만으로 좋은 책이 되는 세상에서는 정말 좋은 책이 독자들에게 전해질 가능성이 낮아지기 때문이다. 자본력이 크고 마케팅에 몰두하는 대형 출판사의 판에 찍은 듯한 똑같은 책들이 제목만 바꿔 독서 시장을 장악할 가능성이 점점 더 높아지고 있다.

이런 상황에서 소자본 출판사들이 좋은 저자를 발굴하고 좋은 원고를 찾는 데 주력할 리 없다. 우리 곁에 점점 더 좋은 책들이 사라져가는 것이다. 좋은 책을 읽지 못하게 되는 우리의 삶이 가뜩이나 곽곽한 현실의 굴레에서 마음의 위로와 안정을, 비전을 찾지 못하게 될 것은 당연하면서도 서글픈 일이다.

나는 신문기자로 30년간 글을 접했고, 이후로는 번역가이자 작가로 20년 넘게 책의 곁을 지켰다. 열여덟에 친구들과 '아스펜'이라는 문학 동인회를 만들었으니, 올해로 65년째 글과 함께 살아온 셈이다. 그런 내가 책을 좋아하는 사람과 책을 읽고자 하는 이들에게 반드시 해주는 말이 있다. '베스트셀러만 읽지 말아달라'는 얘기다.

베스트셀러는 다 거기시 기기고 시간낭비에 불과하다. 베스트셀러가 나를 베스트로 만들어줄 수 없기 때문이다.

책이 사람을 만든다는 이야기가 있다. 그림도 있고, 음악도 있고, 연극, 영화도 있지만 책이 한 사람의 일생에 미치는 영향만큼 광대하거나 오래 지속되는 경우는 드물다. 왜 그럴까? 책은 저자의 사상도 중요하지만 읽는 이의 자발적인 이해가 뒤따라야 하기 때문이다. 우리는 공부하면서도 귀에 이어폰을 끼고 음악을 감상할 수 있다. 별 생각 없이 영화를 봐도 감동해서 눈물을 흘릴 수 있다. 한 폭의 명화는 미술관에서 잠깐 스쳐보는 것만으로도 기억에 생생하다.

그러나 책은 다르다. 내가 자발적으로 이해하려고 노력하지 않는 한 머릿속에도, 마음속에도 아무런 감동이 남지 않는다. 다시 말해 책은 저자가 반을 쓰고, 나머지 반을 내가 채우는 과정이다. 한 권의 책을 읽었다는 것은 내가 한 권의 책을 썼다는 의미도 될 수 있다. 독서는 소비가 아니다. 엄연한 생산 활동이다.

이토록 중요한 정신 생산이 황폐해져가고 있는 데에 어쨌든 수십 년간 글밥을 먹으며 여든이 넘은 나이까지 생존해온 나로서는 책임감을 느끼지 않을 수 없었다. 그래서 감히 펜을 들고 독자 여러분에게 선포한다.

베스트셀러, 절대로 읽지 마라!

이 책이 나오기까지 생각보다 오랜 시간이 걸렸다. 많은 출판사에서 나의 원고를 거절했다. 대형 출판사부터 작은 출판사까지 수십 군데에 출간 기획안을 보냈으나 묵묵부답이었다. 신문기자이자 번역가로 오랫동안 글밥을 먹어온 나의 필력을 인정하지 않는 것인지, 출판계의 자기 치부를 드러내는 껄끄러운 이야기인 탓인지, 그 답은 듣지 못했다.

그래서 이 원고는 내 컴퓨터 안에 보관된 채 또다시 그렇고 그런 베스트셀러의 탄생들을 오래도록 지켜보아야 했다. 베스트셀러를 내는 데는 열을 올리면서 잘못된 독서 문화를 반성하자는 목소리는 외면하는 것이 작금의 출판 현실이다.

그러던 중 한 출판사의 긍정적인 반응으로 이 책은 드디어 세상에 나오게 되었다. 원고를 보내자 곧 흔쾌히 출간이 결정됐다. 출판인의 한 사람으로서 용기를 내준 모아북스 대표에게 감사를 표한다.

김 욱

차례
·········

06……이정표 없는 독서는 이제 그만

07……독자론(讀者論)을 생각하다

내 곁에 있는 책이 나를 말해 준다

독서가
취미입니까?

왜
아직도
책인가?

어느 비 오는 날 허름한 옷을 입은 남자가 호텔 앞을 서성이다가 땅에 떨어진 1센트짜리 동전을 발견하고 주우려 들자 호텔 직원이 얼른 주워주었다. 남자는 고맙다면서 팁으로 10달러짜리 지폐를 건넸다.

당신 덕분에 소중한 1센트를 얻었으니 그에 대한 감사의 마음을 담아 10달러를 선물한다는 것이었다.

남자의 정체는 아시아 최고 갑부로 불리는 청콩 그룹 회장 리카싱이었다. 전 세계 54개국에 500개가 넘는 기업을 운영하고 있는 리카싱 회장의 개인자산은 225억 달러, 우리 돈으로 약 30조 원이다.

불가능을 가능으로 만드는 힘

아시아 최고 부자인 리카싱 회장은 세계에서도 열 손가락 안에 드는 자산가다. 1928년생, 한국 나이로 여든일곱인 이 노(老) 사업가의 첫 출발은 우리 돈으로 고작 600만 원이었다.

플라스틱 공장 직원으로 일하다가 하청업체를 창업, 이후 재신(財神)이라는 칭호를 얻기에 이르렀지만 현재와 같은 위치에 도달하기까지 적잖은 위기와 고비가 있었다. 그때마다 리카싱 회장은 위기를 기회로 전환시켰고, 불가능할 것 같은 성공을 이뤄냈다.

이런 성공의 비결로 리카싱 회장은 독서를 첫손에 꼽았다.

잠들기 전 30분의 독서

성공 비결치고는 단순하다고 생각할 수도 있다. 속으로는 온갖 나쁜 수단방법을 가리지 않고는 사람들 앞에서 책 어쩌고 하며 자신을 포장하는 걸로 지레짐작할 수도 있다.

하지만 리카싱 회장의 독서는 우리가 알고 있는 보통의 책읽기가 아니었다. 중학교 1학년이 학력의 전부인 리카싱 회장은 60년이 넘도록 단 하루도 빼놓지 않고 자기 전에 반드시 30분씩 책을 읽었다.

잠들기 전 30분이 그에겐 새로운 지적 충전의 시간이었던 셈이다. 리카싱 회장은 책을 통해 더 넓은 비전과 비판적인 사고 능력을 키우게 되었다고 고백한다.

고작 30분에 뭘 얼마나 읽을 수 있느냐고 의문을 품겠지만 매일 저녁 30분이라는 짧은 시간이 60년간 지속되었을 때 그의 머릿속에는 세계 정세는 물론이고 최첨단 IT 분야까지 소상하게 꿰뚫는 지식의 보물창고가 들어서게 되었다.

독서는 구시대적 활동인가?

리카싱 같은 대재벌을 예로 들지 않더라도 현대 사회에서 책은 그 의미가 새롭게 부상하고 있다. 비록 인터넷과 스마트폰의 출현으로 책이라는 미디어가 구시대적 활동으로 비쳐지고 있지만, 실상은 전혀 그렇지 않다.

시대가 변하는 속도는 우리의 눈과 귀로 따라갈 수 없는 수준이 되었다. 그런데 정보화의 속도가 빨라지면서 인터넷 등의 온라인 미디어를 통한 지식의 유통은 소비에서 벗어나지 못하고 있다. 찰나적인 감성의 생산은 가능해도 내가 살아가는 오프라인, 즉 학교, 직장, 가정, 지역과 같은 공동체에서 가치를 창출하지 못한다는 것이다.

그러나 독서는 그렇지 않다. 독서는 정보를 재생산하는 자기 주도적인 활동이다. 책이 여전히 우리 곁에 필요한 실질적인 이유다.

우리가 알고 있듯이 오늘의 세상은 정보가 힘이다. 그러나 정보화의 역량을 드러내는 기준은 더 이상 정보의 양이 아니다. 조금만 시간을 들여 인터넷을 검색하고 SNS를 둘러보는 것만으로도 어느 분야를 막론하고 대략적인 정보 공유가 가능하다.

따라서 지금 같은 정보의 개인 소유가 불가능한 시대에는 정보를 얼마나 많이, 그리고 다양하게 섭렵하고 있느냐는 중요하지 않다. 모두가 알고 있는 '그것'을 어떻게 가공해서 나만의 지식과 생각으로 표현할 수 있느냐가 중요하다. 그 능력에 따라 성공과 실패가 가름된다.

그렇기 때문에 우리는 책을 읽어야 되는 것이다.

오늘날에도 여전히 책이 필요한 이유

리카싱뿐 아니라 세계를 손바닥 위에 올려놓고 이리저리 굴려대는 정치인 및 석학들이 인생의 성공 요인으로 독서를 꼽는 까닭은 책이야말로 언제 어디서나 필요한 순간에 가장 간편하게 원하는 정보를 입수할 수 있게끔 도와주는 동시에, 책을 읽고 이해하는 감정과 생각의 반응 훈련을 통해 현실에서 부딪히게 되는 다양한 상황과 사건들, 사람들 틈에서 내 나름의 길을 찾아나 갈 수 있는 능력이 길러지기 때문이다.

나에게
책이란
무엇인가?

내가 처음 책에 취미를 갖게 된 것은 초등학교(그 시절엔 소학교라고 불렸지만) 4, 5학년쯤 되었을 때다.

세상은 아직 일제 시대였고, 학교에서는 당연히 일본어로 수업이 진행되었다. 한글로 나오는 책을 구하기란 하늘의 별 따기였다. 해방 1, 2년을 앞두고는 한글이 인쇄된 책을 출판하거나 돌려 보는 것조차 금지되었다.

자연스레 일본어에 친숙해졌다. 생각해보면 국가적으로는 불행했어도 개인적으로는 운이 좋았다. 1930년에 태어난 식민지 소년이었던 나는 이후 신문기자를 은퇴하고 제2의 인생으로 일본어 번역작가의 길에 들어설 수 있었기 때문이다.

지금의 나를 만들어준 제2의 인생이 70년 전 암울했던 시절의

산물임을 생각해보면 세상에 끝없는 절망은 없다. 절망의 끝에는 항상 희망이 있기 마련이고, 우리에게 시련이 주어지는 까닭은 내일이 남아 있기 때문이다.

그것이 책에서 배운 것들이고 살아오면서 확인한 지혜이다.

동대문시장 중고책방의 추억

그 시절에는 동대문시장 구석에 책 보따리를 풀어놓고 장사하는 중고책방이 아주 많았다. 용돈을 받기 무섭게 내가 살던 서대문에서 자전거를 타고 동대문까지 내달려 한 아름씩 책을 사서 자전거에 싣고 집으로 오는 것이 내 유년 시절의 가장 행복했던 기억으로 남아 있다.

일본은 당시 조선보다 문화적으로 개방된 나라였다. 그때 이미 세계 문학 전집 등이 일본어로 번역되어 출간되었고, 바다 건너 동대문에서도 그런 책들을 쉽게 구할 수 있었다.

나는 일본어로 번역된 톨스토이, 도스토예프스키, 헤밍웨이 같은 작가들의 작품을 읽으며 세계 곳곳을 여행할 수 있었다.

《소공녀》의 책장 사이에서 빅토리아 시대의 영국을 체험했고, 《안나 카레니나》의 첫줄에서 차르 시대의 상트페테르부르크라는 들어보지도 못한 도시를 여행했다.

2차 세계대전의 피비린내 나던 시절, 동네 형들은 강제로 징집되어 만주로 떠났고, 학교에서는 오전 수업만 마치고 군수공장에서 포탄을 만들거나 피혁공장에서 무거운 날가죽을 옮겨야 했다. 그 고단한 어린 삶 속에서 책 한 권이 펼쳐진 자그마한 앉은뱅이책상은 나를 고대 그리스로, 1차 세계대전의 파리로 데려가 주었으며 죽음을 눈앞에 둔 대화가 영혼을 보여주었다.

나 자신으로의 여행

책에는 상상의 인물들이 가득했다. 나는 그들에게 생명을 불어넣었고, 그들은 훗날 실존하는 사람이 되어 나의 친구, 동료, 아내가 되었다.

책에는 혼들리는 파도와 불안하게 떠다니는 배가 있었으며, 사는 것이 힘들고 고통스러울 때마다 내 기억은 책 속에서 넘실거렸던 폭풍우와 공포를 떠올리며 살아남는 수단을 본능처럼 선택하곤 했다.

그리고 나는 책을 통해 바깥세상뿐 아니라 내 안을 여행할 수 있었다. 내가 누구인지, 무엇을 원하는지, 어떤 것을 갈망하고 있는지, 무슨 일을 할 수 있는지, 이 세상과 나에 관해 무엇을 꿈꾸고 있는지 알게 되었다.

이것이 책에서 받은 가장 큰 선물이며, 그 선물은 여전히 나의 혈관과 심장과 뇌와 영혼에 깊게 박혀 있어 이제는 감히 한 몸이 되었다고 말할 수 있을 정도다.

이에 대해서는 헨리 데이비드 소로가 잘 표현하고 있다.

얼마나 많은 사람들이 책으로 인해 새로운 인생을 맞이했던가. 책은 우리에게 기적을 설명하고 새로운 기적을 보여줄 기회를 선물하기 위해 존재하는지도 모른다.

책이 나에게 준 것

나에 관한 이야기를 하고 싶다. 책이 내게 해주었던 일들을 말해주고 싶다.

1945년 해방이 되었을 때 나는 열다섯 살이었다. 세상은 혼란과 가난, 죽음에 대한 공포로 가득했다. 미래가 없었다. 내일이라는 단어가 사치였다. 그 시기에 나를 구원해준 것은 책이었다.

얼마나 많은 사람들이 그 혼돈의 시대에 허무하게 삶과 작별하고 자기를 포기했는지 모른다. 나 또한 수많은 질곡과 고난의 길을 걸어왔다. 하지만 나는 85년을 살아왔고, 나보다 더 젊은 사람들이 지쳐서 그만 쉬고자 할 때도 이렇게 누군가를 위해, 그리고 나 자신을 위해 책을 쓰고 있다. 그 삶의 원동력이 바로 책이다.

책이 아니었더라면 나는 여기까지 올 수도 없었고, 오는 방법도 알지 못했을 것이다. 그게 바로 책이다.

읽은
책이
삶이 된다

‘좋은 책’이 무엇을 말하는지는 책과 함께 살아
온 지 어느덧 70년의 세월을 헤아림에도 풀리지 않는 의문이다.

어려서부터 들어온 말로 ‘피가 되고 살이 되는 책’을 읽으라
했는데, 막상 떠올려보면 어떤 책이 피가 되고 어떤 책이 살도
안 되었는지 가늠할 수가 없다.

일단 기준 세우기가 난해하다. 피와 살이 되어준 책들과 그렇
지 못한 책 사이에 경계선을 긋는 게 쉬울 리 없다.

좋은 책이란 무엇일까?

책은 두 얼굴이다. 처음 읽었을 때 공감하는 바가 커서 곧장 나
의 피와 살이 된 책이 있는가 하면, 또 어떤 책은 읽으면서 격렬

하게 반발한다. 도저히 이해할 수도 없고 이해하고 싶지도 않다는 생각이 든다.

그런데 놀랍게도 그처럼 반발하는 사이에 내 안에서 전에 없던 새로운 생각과 아이디어, 내가 스스로 만들어낸 지식이 갖춰지는 것이 느껴진다. 내적 갈등이 스스로 피와 살을 만들어낸 셈이다.

내가 생각하는 '좋은 책'이란 내가 미처 말하지 못한 것을 나 대신 말해주는 책이며, 그런 이야기에 놀라운 의미와 즐거움을 더해주는 책이다.

읽은 것이 바로 그 사람이다

독서란 좋은 책 덕분에 먼저 눈을 뜨게 된 영혼이 다른 영혼들에게 좋은 책을 펼쳐주고 읽어주는 행위다. 무심코 지나쳤던 대목을 함께 읽어가고, 중요한 지혜와 가치를 나눔으로써 우리가 살고 있는 세상을 따뜻하고 아름답게 바꿔가려는 시도가 독서의 진짜 의미다.

따라서 좋은 책을 읽지 않고서는 가르치고 배운다는 행위 자체가 불가능해진다. 또 입으로 삼킨 음식이 위장을 거쳐 영양소가 되어 거름이 되듯이 읽는다는 행위는 쓰기가 됐든, 말하기가 됐든, 생각하기가 됐든 어떤 식으로든 '표현' 되어야 한다.

어느 피부과 의사로부터 이런 말을 들었다. 검버섯이 하도 생기기에 몇 차례 레이저 시술을 받았다. 그게 번거로워 어떻게 하면 피부가 좀 좋아지겠느냐고, 이 나이 먹고도 요새 유행하는 동안이 되려면 어떻게 해야겠느냐고 물어보았다. 그랬더니 의사가하는 말이,

"피부는 보자기예요. 보자기 안에 뭐가 들어 있느냐에 따라 보자기가 더러워지기도 하고 깨끗해지기도 하는 겁니다. 보자기 안에 향긋한 과일이 있다면 어떻게 될까요? 보자기가 더러워지기는커녕 좋은 냄새가 풍기겠지요. 반대로 그 안에 배설물이 들어 있다면 어떻게 될까요? 보자기에 아무리 향수를 뿌리고 방부제다 뭐다 조치해봐야 냄새를 막지도 못하고 썩는 게 당연하겠죠."

나는 그 말을 듣고 독서를 떠올렸다.

왜 좋은 책을 읽어야 하는가? 읽고 끝나는 게 아니기 때문이다. 내가 읽고 끝내고 싶어도 그럴 수가 없다. 언젠가는, 어디에선가는, 누군가에게는 내가 읽은 그 책의 결과가 반드시 드러나고야 만다.

책의 두 얼굴

입으로 먹은 콜라와 치킨은 눈에 보이지 않는 곳에서 독소가 되어 콜레스테롤로 변한다. 콜레스테롤이 혈관에 쌓이면 어느 날 갑자기 동맥경화, 심장마비로 쓰러지게 될 수도 있다.

같은 이야기다. 내가 아무 생각 없이 읽은 책이 내 감정을 마비시키고, 내 생각의 흐름을 방해하고, 내 입에서 나오는 말의 품위와 지식을 사정없이 난도질 할 수 있다.

책을 읽되, 모든 책이 좋은 것은 아니다. 좋은 책을 읽으면 좋은 꿈을 꾸고 나쁜 책을 읽으면 악몽을 꾸게 된다. 그것이 책의 두 얼굴이다.

책은 인생이다

책을 가리켜 인생이라 한다. 한 권의 책은 한 권의 인생이라고 말한다.

곰곰이 생각해보면 무서운 말이다. 세상에는 좋은 인생보다 나쁜 인생이 더 많기 때문이다. 그 말은 세상에 좋은 책보다 나쁜 책이 더 많다는 의미가 될 수도 있을까?

물론 그 기준은 상대적이다. 내게는 꼭 필요하고 좋은 책인데 누군가에게는 그렇지 않을 수도 있다. 세상 모든 사람이 좋은 책이라고 인정했지만 내게는 불필요한 책이 될 수도 있다. 그렇기에 스스로 자신의 좋은 책을 고를 수 있는 눈을 길러야 하는 것이다.

　인생의 주인이 나인 것처럼 책의 주인은 작가나 서평이 아닌 자기 자신이다. 그래서 물론 이 책의 주인도 바로 여러분이다.

읽고
끝나는 것은
독서가 아니다

과거에는 보유한 정보의 가치보다도 정보의 유통 과정에 접근하기 쉬운 사람들이 전문가로 불렸다. 소프트웨어보다 하드웨어를 잘 다루는 엔지니어들, 예를 들어 늘 책을 접해야 하는 교수, 기자, 출판인, 학자들이 전문가로 군림해왔다.

그러나 지금은 다르다. 기술이 발전해가면서 누구든지 마음만 먹으면 쉽게 정보가 유통되는 하드웨어에 접근하는 게 가능하다. 원할 때 언제든지 엄청난 양의 정보를 수집하는 것이 가능해졌다는 뜻이다.

정보의 출력을 요구하는 시대

그래서 시대는 더 이상 우리에게 정보의 흡수만을 요구하지 않는다. 방대한 정보를 취사선택하고 분류해서 최대한 빠르게, 그리고 정확하게 압축하는 능력을 요구한다. 이렇게 압축된 지식이 우리의 머리와 가슴을 통해 새롭게 출력되기를 기대한다.

이것이 스마트 시대에도 책이 존재해야 하는 근본적인 이유다. 리카싱 회장이 필요할 때마다 인터넷을 검색하고, 페이스북에 질문하고, 서점의 베스트셀러 목록을 참고했다면 그의 지식은 쓸모없이 비대하기만 한 얄팍한 지식으로 끝났을 공산이 크다. 그러나 그는 평생토록 잠들기 전 30분의 독서를 지켜왔다. 그것을 통해 그는 정보의 수집을 넘어 정보의 활용, 새로운 지식의 창출을 몸에 익힐 수 있었다.

책은 우리의 삶을 변화시킨다

먼저 책이라는 텍스트를 바라보는 우리의 사고방식에 변화가 있어야 한다. 지식을 바라보는 우리의 생각이 달라져야 하는 것이다.

그렇게 달라진 눈으로 세상을 바라보라. 그러면 살아가는 관점에 변화가 생기고, 이는 곧 우리 삶의 변화로 확장된다. 누군가의 요구나 나의 집념에 의해서가 아닌 자연스러운 변화다. 무엇보다 기쁜 것은 그 변화가 우리를 보다 발전된 인간으로 만들어준다는 점이다.

정보를 빨리 얻는 것도 중요할 수 있다. 남들보다 많은 지식을 쌓을 수 있기 때문이다. 최신 유행하는 베스트셀러를 놓치지 않고 읽는 것도 중요할 수 있다. 요즘 사람들이 무엇을 좋아하는지 알 수 있기 때문이다. 하지만 이것들은 읽기 활동에서 기대할 수 있는 아주 작은 곁가지에 불과하다.

딱딱하게 고정된 우리의 인생관이 한 권의 책을 만남으로써 새롭게 태어날 수 있다는 것, 이것이야말로 이 시대에 우리가 책을 읽어야 되는 진짜 이유라고 하겠다.

책 한 권에 투자함으로써 내 인생을 발전시킬 수 있다고 한다면 이보다 더 좋은 기회는 없다. 우리 모두가 이 기회를 놓쳐서는 안 될 것이다.

책은
어떻게
골라야 하는가?

인생에는 숱한 실패들이 도처에 숨어 있고, 그것은 우리가 믿어 의심치 않았던 독서에서도 마찬가지다.

나 역시 많은 책을 읽었고, 그런 와중에 깨달은 것은 인생이 사람을 배신할 수 있듯이 책도 때로는 나를 배신할 수 있다는 것이었다.

책의 배신

중학교 때까지는 다행히 책으로부터 배신당하지 않았다. 흔히 말하는 '고전'이라는 것들을 많이 읽었기 때문이다. 긴 세월 나보다 더 영리하고 훌륭한 이들이 읽어도 좋다고 인정한 책들이 독서의 우선순위였기에 책은 나를 배신하지 않았고, 따라서 책이 나를 배신할 수 있다는 것도 알지 못했다.

　그런데 나이가 들수록 책이 나를 배신하기 시작했다. 온 마음을 다해 사랑했던 사람이 나를 버리고 떠나는 것처럼 책이 나를 배신할 수 있다는 사실을 인정하기가 힘이 들었다.

　표지에 속고, 목차에 속고, 작가의 이름에 속았다. 이 책을 읽고 변화되어 있을 나를 상상했던 기대가 높을수록 실망과 분노는 일종의 공황과도 같았다. 그리고 깨달은 것은 책의 배신, 그 자체가 핵심은 아니라는 것이었다.

시지프스의 바위

　그리스 신화에서 가장 재미난 등장인물은 단연 시지프스다. 호메로스는 인간 중에서도 최고로 현명하고 신중한 사람이 시지프스라 했다. 그러나 신의 뜻을 무작정 따르기에는 너무나 지혜로웠던 시지프스의 인생은 결국 신들의 미움을 사고 말았다.

　마침내 저승의 신 하데스가 그에게 형벌을 내린다. 산 정상으로 바위를 옮기는 것. 그러나 힘들게 옮겨놓은 바위는 반대편 내리막을 타고 굴러 떨어진다. 시지프스는 다시금 산 밑에서 바위를 굴려 정상으로 옮겨놓아야 한다.

　무용하고 무가치한 노동이 끝도 없이 반복된다. 게다가 반신

반인인 시지프스는 불멸이다. 죽음이 없는 것이다. 영원히 이 무의미한 노동을 반복해야 하는 것이다.

독서의 부조리에 직면한 사람들

알베르 카뮈는 시지프스의 이런 상황을 '부조리'로 명명했다. 그리고 시지프스를 '반항하는 인간'의 상징으로 규정했다.

그러나 카뮈는 시지프스가 처한 부조리를 결과가 아닌 출발로 여겼다. 그래서 카뮈의 철학은 쇼펜하우어의 니힐리즘과는 다르다. 카뮈는 끊임없이 부조리에 반항해야 하며, 설령 반항의 결과가 수포로 돌아갈지라도 부조리를 의식하게 된 인식과 반항 과정 자체에 의미가 있다고 생각했다.

나는 이것이 '독서'에도 고스란히 적용된다고 여긴다.

우리는 각각 자신의 바위를 밀어 올리며 살아간다. 그러나 그 바위는 다시 굴러 떨어진다. 그 무의미하고 고된 인생에서 벗어나기 위해 어떤 이들은 책을 도피처로 삼는다. 자신을 구원해 줄 무언가를 찾기 위해 책장을 넘기고 지혜를 구한다. 그러나 우리의 일상은 아무런 변화 없이 반복된다.

이런 부조리에 직면한 사람들은 책에 배반당했다 여긴다. 책을 읽어봤자 아무것도 찾을 수 없다는 것이다.

절망의 독서

많이 읽는 것도 정답은 아니다. 책을 빨리, 많이 읽어도 결과는 시지프스의 돌이 될 수 있다. 이쯤 되면 책은 형벌이 된다.

시간과 돈과 마음을 들였지만, 정상에 올랐다고 생각한 순간 어느새 생활은 원래 있던 곳에서 뒹굴고 있다. 그 책을 읽기 전과 읽은 후의 삶에 변화가 없다.

그래서 또 다른 책, 혹은 돌을 찾고 힘겹게 산 정상으로 밀어 올린다. 하지만 결과는 이번에도 동일하다. 마지막 책장을 덮기 무섭게 나는 산 밑으로 곤두박질치고 있다.

잘못된 독서는 시지프스의 형벌이다

도심의 대형 서점에 가보면 늘 사람들로 북적인다. 때로는 통로에 철퍼덕 주저앉아서 책을 읽기도 한다. 책을 업으로 삼은 사람으로서도 그처럼 기분 좋은 모습은 없다.

그런데 한편으로는 걱정이 된다. 왜 이렇게 많은 사람들이 책을 읽고 책을 찾고 있는데 우리 삶은 나아지지 않는 것일까?

잘못된 독서는 시지프스의 형벌을 닮았다. 읽어도 성과는 오르지 않고, 그러니 삶의 질도 개선되지 않는다.

사람들이 책을 읽는 주된 이유 중 하나는 불안해서다. 책을 읽어봐야 도움 될 듯싶지도 않지만 그렇다고 안 읽자니 읽은 사람들에게 뒤처질까 봐 불안해서 못 견디겠는 것이다.

불안한 마음에 이 책, 저 책 손을 대보지만 재미도 없고 성과도 없다. 그리고 금방 포기하고 만다. 그러면서 시중에 나온 책이 다 똑같더라, 하면서 다가가지도 못하고 멀어지지도 못한 채 어중간한 거리를 유지하고 있다.

우리의 독서가 시지프스의 형벌이 된 이유가 무엇일까? 나는 그 범인이 바로 베스트셀러 목록이라고 생각한다.

카뮈는 우리가 부조리를 인식하는 것과 그 반항의 과정에 의미가 있다고 했다. 그러나 이처럼 의미를 가지려면 스스로 책에 도전하는 반항의 과정이 있어야 한다. 그런데 많은 이들이 남들이 정해놓은 베스트셀러에 의지해 독서를 할 뿐 책에 감히 한번 반항조차 해보지 못한다. 그런 독서는 언제까지고 의미 없는 반복이 될 뿐이다.

독서의 세계는 우리가 상처받은 만큼 부조리하지는 않다. 책은 읽어봐야 소용없는 부조리한 분야가 아니다. 단지 우리 머릿속에서, 감정에서 이해하지 못하고 자발적으로 선택하지 못한 탓에 그렇게 느껴질 뿐이다.

베스트셀러는 오히려 해를 끼친다

그렇다면 왜 사람들은 베스트셀러를 읽는 것일까? 베스트셀러가 좋은 책이라고 생각하는 것일까?

그렇지 않다. 베스트셀러는 우리의 게으름을 숨기기 위한 변명이다.

책을 읽고 나를 성장시켜 나가는 데 얼마의 시간이 걸리리라 생각하는가? 최소한 베스트셀러 제목에 나오는 것처럼 몇 주나 몇 달 만에 완성되는 일은 없을 것이다. 독서의 결과를 보기 위해서는 평생이 걸리고, 자신만의 생각을 가져야 되는 일이다. 독서의 참 결과는 눈으로 볼 수 없는 것이기 때문이다.

성공적인 독서는 사실 별것 없다. 자기가 하고 있는 일에서 의미를 발견하게 해주고, 또한 스스로 자신의 삶에 의미를 부여하게끔 하는 데 도움을 주는 것이 책의 존재 의의다.

내가 하고 있는 일의 의미를 모르면 강요로 느껴지듯 내 앞에 놓인 책의 의미를 모르고 읽게 된다면 남들이 읽기 때문에 어쩔 수 없이 따라 읽는 강제적인 책읽기가 될 뿐이다.

자신을 성장시키고 발전시키기 위해 우리는 책을 읽는다. 그러나 그전에 자신이 왜 성장하고 발전해야 하는지부터 이해해야 한다. 그것을 알지 못하는 사람이라면 아무리 좋은 책을 읽어도,

1년에 100만 부씩 판매되는 베스트셀러 1위 책을 수십 번 탐독해도, 강제적인 인생을 살아가는 사람이 된다. 이보다 불행한 일은 없다.

생산적인 독서

책은 우리를 자유롭게 해줘야 한다. 책을 읽고 자유로워진 사람은 타인의 생각과 주장에 현혹되지 않는다. 세상의 커다란 목소리에 겁먹지 않는다. 일상에서 의미를 찾고, 작은 만남에서 뜻을 만들어낸다. 좋은 책 한 권이 한 사람의 인생에 어떤 영향을 미쳐왔는지는 더 이상 언급하지 않아도 수많은 위인들과 성공자들의 고백을 통해 익히 들어왔을 터이다.

우리의 목표는 생산적인 독서다. 허기진 배를 채우고자 3분 요리를 전자레인지에 데워 먹고 후회하느니 조금 오래 걸리고 품이 들더라도 나를 살찌우고 위로할 수 있는 좋은 책 한 권을 발견해서 두고두고 곁에 두는 것이야말로 우리가 목표로 하는 생산적인 독서다.

3분 요리 같은 베스트셀러를 피하라

책을 읽을수록 우리는 자유로워져야 하고, 어제보다 성숙해져야 한다. 허나 그러지 못할 경우 지금까지는 많은 이들이 책을 읽는 자기 자신에게 문제가 있는 것은 아닐까 걱정해왔다. 그러면서 독서법에 관한 책, 반드시 읽어야 된다는 책을 소개해주는 책을 들춰보곤 했다.

하지만 더는 그러지 않길 바란다. 문제는 내가 아니라 책에 있다. 책을 읽는 나에게 문제가 있는 게 아니라 굳이 내가 읽어야 할 필요성이 없는 책들이 베스트셀러라며 서점의 가장 좋은 자리를 차지하고 있기 때문에 혼란스러웠던 것이다.

책이 낯설고 독서가 쉽지 않은 이들이라면 더더군다나 레토르트 식품 같은 베스트셀러를 피해야 한다. 환자에게 3분 요리를 점심식사로 제공하는 병원은 없다. 몸이 아플수록 더 좋은 영양식을 골라 먹어야 되듯이 책이 낯설고 독서가 어려울수록 책을 고르는 과정에 더 신중해야 한다.

다음 장에서는 나쁜 책에 대해 이야기할 것이다. 눈앞에 아주 많은 책들이 쌓여 있다. 여기서 좋은 책 한 권을 고르는 것도 좋은 방법이지만, 필요 없는 책들, 독자를 속이는 책들, 기만하는 책들을 채에 걸러 추려내는 것 또한 생산적 책읽기의 기술이다.

02

베스트셀러에
농락당하다

얼굴이 예쁘다고
마음까지
예쁘진 않아

30년 가까이 번역을 해왔다. 번역을 한 우선적인 이유는 일단 먹고살기 위해서였다. 내 책을 쓰고 싶었지만 팔려야 돈을 버는 인세라는 게 말처럼 호락호락 하지 않다. 번역을 하면 책 한 권이 끝날 때마다 일단 고정 수입 이 들어온다. 당장의 호구지책으로 일어책을 번역하면서, 신문 기자 직에서 은퇴한 후에 본격적으로 시작했음에도 이제 200권 넘는 책이 내 손을 거쳐 갔다. 200권을 번역하기까지 아마도 수 천 권의 책을 다뤘을 것이다.

베스트셀러에 속다

번역을 하다 보면 해외 베스트셀러들도 많이 접하게 된다. 출판사 입장에서는 판매가 될 만한 책을 원하므로 제일 먼저 살펴보는 것이 일본에서 인기를 끌었던 베스트셀러다.

일본은 출판 시장이 우리보다 수십 배는 크다. 우리나라 출판사들은 대개 처음 책을 내면서 많아야 2천 부 가까이 준비하지만 일본은 기본이 1만 부다. 독서 시장이 우리와는 비교가 안 될 정도다. 미국과 함께 가장 큰 시장이 바로 일본이다.

그런 곳에서 베스트셀러가 되기 위해서는 최소 몇 십만 부는 팔려야 한다. 상위권은 몇 백만 부에 달한다. 그쯤 되는 사람들이 찾은 책이니 내용에 대해서도 믿고 보게 된다. 제목과 표지에서도 편집자의 노련함이 묻어난다. 책장을 펼치기도 전에 기대치가 솟는다. 이 책을 번역하고 싶다는 의욕이 솟아난다.

일본 시장에서 베스트셀러에 진입한 책 치고 국내에 번역되어 출간되지 않은 책은 거의 없다. 인기 작가의 경우 일본과 동시에 국내에서 판매된다. 우리의 독서 시장이 그만큼 허약하다는 증거인 동시에 일본 출판계가 독자의 입맛을 잘 알고 있다는 뜻이기도 하다. 제목만 보고도 구매욕이 자극되는 책들인 것이다.

그러나 번역으로 먹고사는 나조차 제목만 보고 '이거다!' 싶어 구입했는데 집에 와서 읽어보면 속 빈 강정일 때가 많다. 빈 수레가 요란하다고 제목과 표지, 중간 제목 등이 사람 마음에 콱콱와 닿아서 약간의 의심마저 하지 않았는데 완전히 뒤통수를 얻어맞는 것이다.

그런 일이 비일비재했다. 열에 예닐곱 번은 그런 식이었다. 책으로 연명하는 나 같은 사람도 그럴진대 어쩌다 한 번씩 책을 구입하는 독자는 어떠할까.

제목이 과연 책의 본 얼굴일까?

나는 서점에서 책들의 제목만 봐도 현기증이 난다. 또 요새는 인터넷으로 책을 주문하는 경우가 많기 때문에 내용을 슬쩍 엿볼 수도 없다. 볼 수 있다고 해도 교묘한 짜깁기로 입술만 적신다.

책 소개에 인용된 본문 몇 구절이 이 정도라면 내용은 더 볼 것도 없다 싶어 주문했더니 300페이지에 달하는 한 권 책에서 건질 만한 내용이라곤 인터넷에서 읽은 그 몇 줄이 전부다. 이쯤 되면 사기가 아닌지 의심스럽다.

특히 제목은 광고 카피처럼 파급력이 어마어마해 잘 지은 제목 하나로 책의 가치가 완전히 뒤바뀌는 경우도 종종 있다. 그런 사례가 실제로 있었다. 몇 년 전까지 소설 분야 베스트셀러 1위를 차지했던 《연금술사》를 알고 있을 것이다.

제목 하나로 뒤바뀐 운명

이 책은 원래 고려원 출판사에서 《꿈을 찾아 떠나는 양치기 소년》이라는 제목으로 1993년에 처음 국내에 소개되었다. 1997년 외환위기 직전 부도가 난 고려원은 1년에 270여 종의 책을 펴내던 매출 1위 출판사였다. 연 매출만 200억 원이 넘었다. 2위 출판사가 100억 원 미만이었으니 고려원의 규모를 짐작할 수 있을 것이다.

이렇게 큰 출판사에서 파울로 코엘료의 세계적인 베스트셀러 《연금술사》를 놓칠 리 없었다. 게다가 국내 독자의 정서를 고려해 제목도 '꿈을 찾아 떠나는 양치기 소년'이라고 그럴듯하게 바꿨다. 그때만 해도 '연금술사'라는 단어의 이미지가 워낙 부정적이었기 때문이다.

결과는 어땠을까? 참혹했다. 세계적인 베스트셀러가 국내 시장에서는 철저히 외면당했다. 그렇게 책 한 권이 매장당하나 싶었을 때 2001년 한 출판사에서 다시금 판권 계약을 맺고 재출간했다. 제목도 원제 그대로 '연금술사'였다. 이번 결과는 어땠을까?

모두가 알고 있듯이 수년간 국내 베스트셀러 1위를 독점했다. 그야말로 '연금술사' 신드롬을 일으킨 것이다. 작가인 파울로 코엘료마저 왜 이제 와서 새삼 자기 책이 한국에서 인기를 끄는지 모르겠다고 인터뷰했을 정도다.

책의 내용도 그대로, 삽화도 그대로였다. 그런데 《꿈을 찾아 떠나는 양치기 소년》은 절판되고, 《연금술사》는 수백만 부가 팔려 나갔다. 이유는 단 하나, 제목 때문이었다. 책 제목의 힘이 이와 같다.

성형 중독에 빠진 출판계

사랑에 빠지는 시간은 3초라고 한다. 처음 만난 이성의 얼굴을 3초간 보는 것만으로 그를 사랑할 것인지, 사랑하지 않을 것인지가 결정된다는 것이다. 책도 그렇다. 책의 얼굴, 즉 제목만 보고 이 책을 읽어야 될 것인지, 읽지 말아야 될 것인지를 결정한다.

책의 분량은 200자 원고지로 대략 600~700매가 된다. 문장의 개수는 무려 14만 개에 이른다. 그런데 14만 개의 문장 중에 우리는 단 하나, 맨 앞에 등장하는 제목만으로 책의 가치와 구매 이유를 얻고 있다.

여기서 모순이 생긴다. 소위 말하는 '성형 중독' 이 책에도 해당된다. 지금 우리 출판계는 성형 중독에 빠져 있다. 책의 내용에 집중하는 것이 아니라 겉으로 보이는 치장에만 몰입하고 있다.

책의 외관은 점점 더 화려해지는 반면 내용은 점점 더 빈약해진다. 일단 독자들의 눈길을 끌기 위해 사람들의 입맛에 맞는 원고를 골라 눈에 띄는 제목을 붙이고 자극적인 광고 문구로 유혹한다. 과대 포장은 기본이요, 책 내용에 대한 거짓말도 서슴지 않는다.

이런 사정을 가장 잘 알고 있는 사람들이 누구일까? 바로 작가와 출판사, 서점이다. 우리에게 책을 팔려는 이들 말이다. 그들에게 우리가 좋은 기회를 제공해주고 있는 셈이다.

죽은 고래에게
농락당한 건
아닐까

출판사 관계자들의 가장 큰 고민은, 나부터도 그렇지만 '제목'인 것이 사실이다. 책 내용이 제일 중요하다고는 해도 처음에 독자의 눈길을 사로잡는 것은 뭐니 뭐니 해도 제목인 탓이다.

속된 말로 제목이 70퍼센트라고 한다. 모든 출판인들이 경험해온 현실이다. 특히 요새 같은 불황기에는 더욱 제목에 목을 매게 된다.

책 제목은 유행을 심하게 탄다. 문장형 제목이 유행하는가 하면 《서른 살이 심리학에게 묻다》처럼 스무 살, 마흔 살 같은 연령별 제목이 붐을 일으키기도 했다. 이어서 《멈추면, 비로소 보이는 것들》이나 《돈으로 살 수 없는 것들》 같은 명사형 제목이 뒤를 이었다.

이는 제목이란 것이 그 책의 정체성을 표현하는 얼굴이라기보다는, 유행을 타는 하나의 상품명이 되었다는 뜻이다.

책이 상품이 된 현실

'서른 살이 심리학에게 묻다', '아침형 인간', '아프니까 청춘이다' ……. 모두 유명한 베스트셀러 제목들이다.

이 책들의 제목은 누가 지었을까? 많은 이들이 저자의 집필 의도에서 나왔을 것이라 여기지만 상당수는 그렇지 않다. 《아프니까 청춘이다》만 해도 작가가 구상한 제목은 '젊은~'으로 시작되는 진부한 느낌의 제목이었다. 이를 출판사에서 '아프니까 청춘이다'라는 다소 감상적으로 독자를 자극하는 제목으로 제안했고, 그야말로 시대의 유행어가 된 것이다.

처음부터 제목을 정해놓고 쓴 책도 있겠지만 대부분은 완성 후에도 수십 번씩 제목이 바뀐다. 그리고 그것을 만들어내는 이들은 독자의 취향을 잘 알고 있는 출판사들이다.

독자의 입맛에 아부하는 출판계

출판계에서는 제목 때문에 운명이 뒤바뀐 책들이 한두 권이 아니다. 무라카미 하루키의 《상실의 시대》는 원제가 '노르웨이의 숲'이었다. 만약 '노르웨이의 숲'이라는 제목으로 출간되었더라면 오늘날과 같은 무라카미 열풍이 일었을까?

IMF 직전을 관통하던 당시 청년들은 '상실의 시대'라는 제목에 자신들의 처지를 투영시켰다. 책 내용은 일본 청년들의 성적 일탈에 가까웠지만 우리는 '상실의 시대'라는 제목에서 우리가 듣고 싶었던 위로를 찾아냈던 것이다.

어떤 책을 베스트셀러로 만드는 포장 기법에는 몇 가지 룰이 있다. 이는 광고의 공식과도 같은 것이다.

독자를 유혹하는 베스트셀러의 공식

첫째는 '즉시성'이다. '누가 내 머리에 똥 쌌어?' '누가 내 치즈를 옮겼나?' 같은 제목은 독자에게 생각이란 것을 요구하지 않는다. 책의 내용을 설명하기보다는 감각적으로 쉽게 이해되는 문구로 독자를 잡아끈다.

둘째는 '상징성'이다. '미쳐야 미친다', '깨진 유리창의 법칙' 같은 제목에서 '미치다'와 '깨지다'라는 단어가 상징하는 것은 뭘까? 기존의 틀을 거부하려는 의지다. 다시 말해 독자들은 제목만 읽고도 변화의 필요성에 공감하게 된다.

뭔가 바뀌고 싶은 사람, 지금의 나에게 만족하지 못하는 사람들이 서점에서 이런 제목의 책을 발견하게 된다면 어떻게 될까? 그 제목이 주는 기분 좋은 느낌 때문에 충동적으로 책을 구매하게 될 것이다.

세 번째 법칙은 '키워드'다. 모든 책에는 각각의 메시지가 담겨 있는데 이 메시지를 한 개의 단어로 표현한 것이 키워드다. 책에서 말하고자 하는 바를 소비자의 언어로 바꾸되, 가장 핵심적인 키워드 하나를 부각시켜 독자에게 강력히 어필하는 것이다.

누가 봐도 그 제목에서 연상되는 이미지는 단 하나여야 한다. 소비자의 뇌리에 꽂히는 한 개의 단어가 승부수다. 대표적인 예로 '설득의 힘', '긍정의 힘', '메모의 기술', '배려' 등이 있다.

네 번째, 카피의 도움을 받는다. 요즘 출판되는 책들은 전면에 띠지가 둘러져 있다. 여기에 본문 내용이나 책의 성격을 알려주는 몇 개의 광고 문구가 삽입된다.

제목은 수수께끼처럼, 대신 띠지의 카피에서 힌트를 제시하는 방식을 많이 쓴다. 얼굴인 제목에 마스크를 씌워 정체를 가림으로써 독자의 궁금증을 유발하고, 카피로 매력적인 몸매가 숨어 있다는 암시를 주는 셈이다.

가장 주의해야 될 책이 이런 종류다. 모호한 제목으로 시선을 끌고 카피로 궁금증을 자극하는 책 치고 내용이 알찬 것을 보지 못했다.

유명한 저자에 속다

다음으로 '저자의 지명도'도 독자를 속이는 한 가지 방법이다.

'시골의사', 피터 드러커, 빌 게이츠, 마이클 샌델 같은 유명인사뿐 아니라 요즘은 파워 블로거들도 자기 아이디나 닉네임을 내세워 책을 홍보하는 경우가 적지 않다.

저자의 명성은 출판 비즈니스에서 가장 오래된 기술이다. 시대의 아이콘이라고 할 수 있는 인물을 전면에 내세워 책의 가치를 인정받겠다는 것인데, 이 또한 거품이 많다.

저자의 지명도와 책 구성은 결코 비례하지 않는다. 어떻게 보면 가장 어리석은 책 선택이야말로 작가의 '이름빨'에 현혹되는 것이다.

예쁜 디자인에 속다

마지막 여섯 번째 방법은 '시각화'다. 여기서 시각화란 별게 아니다. 예쁘거나 멋진 책으로 꾸민다는 말이다. 다시 말해 화려한 표지 디자인, 양장 제본 등으로 책의 겉모습을 과하게 포장하는 방법이다.

특히 요즘 젊은이들은 디자인을 보고 책을 고르는 경우가 많은 것 같다. 내 가방에, 혹은 커피숍 테이블에, 그러니까 남들이 볼 수 있는 장소에 나를 표현하는 방식의 하나로 디자인이 독특하거나 오밀조밀하게 예쁜 책을 꺼내놓고 과시하려는 듯 보이기도 한다.

따라서 책의 내용 같은 건 중요하지 않다. 어떤 재질의 종이를 썼는가, 색감은 어떤가, 제목이 주는 느낌은 어떤가 등이 책을 고르는 기준이 된다.

그러나 이것은 독서가 아니다. 또한 이를 염두에 두고 만든 것은 책이 아니다. 그런데 진정한 독서 문화를 선도해야 할 많은 출판사들이 오히려 이런 싸구려 문화를 부추기고 있다. 이런 책은 1,000원 샵의 싸구려 장식품만도 못한 것이다.

표지 디자인은 분명 중요하다. 책의 내용과 성격을 독자에게 좀 더 친밀히 소개해주는 역할을 수행해야 하기 때문이다. 또 넓게 봤을 때 책에는 장식적인 효과도 분명 있다. 하지만 어디까지나 이는 부차적인 역할에 머물러야 한다.

독특하고 보기 좋은 디자인과 사람의 마음을 자극하는 감성적인 제목 한 줄로 우리 품에 안기려는 책은 만들어서도 안 되지만, 세상사 이치가 그러하듯 돈이 된다면 어떻게든 만들어서 팔려는 자들이 있기 마련이니 우리 스스로 지혜를 갖춰 피해야 할 것이다.

세 개의 제목을 가진 책

우리가 책의 얼굴에 어느 정도로 큰 가치를 부여하고 있는지 가늠케 해주는 또 하나의 사례가 있다. 《칭찬은 고래도 춤추게 한다》라는 책이 그것이다.

이 책의 미국 원제는 'Whale done' 이었다. 미국 플로리다의 시월드 수족관 조련사들이 난폭하기로 유명한 범고래를 길들여 멋진 쇼의 주인공으로 변화시킨 데서 착안한 제목이다.

그리고 여기에는 또 하나의 의미가 있다. 'Whale done' 의 발음은 'well done' 과 비슷하다. 'well done' 의 뜻은 '잘했다', 즉 칭찬이다.

판권을 사들인 국내의 모 출판사는 긍정의 뉘앙스를 살리기 위해 'You excellent' 라는 제목으로 시장에 내놓았지만 반응은 신통치 않았다. 절판의 위기에서 새로운 제목이 탄생했다. 그게 바로 '칭찬은 고래도 춤추게 한다' 였다.

똑같은 책을 제목만 바꿨을 뿐인데 매출이 20배나 뛰었다. 《You excellent》라는 책은 2만 부가 팔렸지만, 《칭찬은 고래도 춤추게 한다》라는 책은 70만 부가 팔렸다. 저자부터 내용까지 토씨 하나 다르지 않은 책임에도 《You excellent》를 기억하는 독자는 거의 없다. 사람들은 모두 '칭찬은 고래도 춤추게 한다' 고 말한다.

왜 우리는 선택하지 못하는가?

2만 명이나 되는 사람들이 《You excellent》라는 책을 읽었다. 그리고 어쩌면 2만 명 중 상당수는 또 돈을 주고 《칭찬은 고래도 춤추게 한다》라는 책을 사 봤을지 모른다. 그리고 제목에 속았음을 알고 분노했을지도 모른다.

이런 현실에 마냥 출판사만 비난할 수 있을까? 제목을 바꾼 편집자를 비난할 수 있겠는가? 그들은 책으로 이익을 남기는 게 직업인 사람들이다. 좋은 책을 제목만 바꿔 더 많은 사람들에게 알리겠다는 의도를 비양심적인 행위로만 몰 수도 없는 것이다.

아쉬운 것은 우리의 시야다. 왜 우리는 《You excellent》를 발견하지 못했을까? 왜 그 책은 선택하지 못했을까?

베스트셀러는
플라시보
효과

'플라시보 효과'라는 말을 한 번쯤 들어본 적이 있을 것이다. 이는 신약의 임상실험 과정에서 발견된 심리학 용어로, 환자에게 약효가 없는 가짜 약을 진짜 약으로 가장하여 복용시켰을 때 병세가 호전된 데서 비롯되었다.

플라시보 효과는 일상에서도 쉽게 찾아볼 수 있다. 어떤 사람들은 건강하고 밝은 생각으로 눈앞에 닥친 고비를 무사히 넘긴다. 어려운 문제에 부딪힐수록 더욱 긍정적인 성격이 된다. 반대로 어떤 사람들은 별것도 아닌 일을 크게 확대하여 부정적인 결과만을 걱정한다. 아직 큰 문제가 생긴 것도 아닌데 지레 겁을 먹고 당황하다가 스스로 무너져버린다.

우리 삶의 모든 장면은 어찌 보면 실제와는 거리가 먼 것인지도 모른다. 우리가 어떤 마음과 어떤 생각으로 그것을 바라보느냐에 따라 실제보다 더 좋게 느껴지기도 하고, 더 괴롭게 느껴지기도 하기 때문이다.

만병통치약이라 속이는 베스트셀러

'플라시보(placebo)'는 '마음에 들도록 한다'라는 뜻의 라틴어다. 실제로 만성질환 같은 심리적 상태가 병세에 악영향을 끼치는 환자들에게 병원에서는 심리치료의 일환으로 가짜 약을 복용케 하는 경우가 있다.

약효가 매우 뛰어나지만 많이 알려지지 않은 약이라면서 환자에게 약을 먹였을 때 이 약에 대한 믿음이 환자를 고통에서 해방시켜 준다. 복통이 너무 심할 때 진통제를 먹고 가라앉았는데 나중에 보니 진통제가 아닌 평범한 비타민이었다는 식의 사례도 많이 있다.

우리가 어떤 마음을 갖느냐에 따라 아팠던 곳이 낫기도 하고, 멀쩡했던 데가 괜히 아파오기도 하는 것이다.

요즘 베스트셀러로 불리는 책들을 보고 있노라면 이것은 진통 효과가 없는 비타민과 같다는 생각이 든다. 서점과 광고, 텔레비전, 유명인, 혹은 저자 본인이 이것은 만병통치약이라고 끊임없이 설득한다. 모두가 요즘 이 약을 먹고 건강해졌다며 확인되지 않은 사례들을 나열한다.

그때마다 우리의 나약한 심리는 남보다 뒤처질까 불안해진다. 플라시보 효과에 조종당하는 것이다. 여럿이 읽었기 때문에 나도 당연히 읽어줘야 된다는 압박에 시달리는 것이다.

잠시의 진통 효과를 기대하는 책읽기는 그만

사람의 마음은 무궁무진해서 효능이 없는 약도 효능이 있게 만들어준다. 비상시에는 이 또한 필요하다. 지금 당장 배는 아픈데 진통제가 없다. 누가 비타민을 진통제라고 속여서 건넨다. 그러면 지푸라기라도 붙드는 반가운 마음으로 원래는 비타민에 불과한 '가짜' 진통제를 삼킨다. 뱃속이 한결 나아진 것 같다. 그런데 문제는 여기서부터 생겨난다.

정말 배가 나아진 걸까? 복통의 원인은 위염일 수도 있고, 위궤양일 수도 있고, 심지어 위암일 수도 있다. 진통제라고 믿었던 비타민은 지금 당장의 복통을 가라앉혀줄 수는 있어도 복통의 진짜 원인에 대해서는 아무것도 처방해주지 못한다.

베스트셀러도 마찬가지다. 유행하는 제목 하나, 뻔한 위로가 군중심리에 휘말린 우리들 시선에는 실제보다 크게, 깊게 다가

올 수 있다. 하지만 시간이 지나면 모든 것이 들통 난다. 진통제가 아닌 비타민이었다는 게 드러날 수밖에 없는 것이다.

우리가 책에 원하는 것은 잠시의 진통효과가 아니다. 약국에서 쉽게 구할 수 있는 펜잘에 의지했다가는 속으로 병이 곪는다.

우리 마음은 책을 먹고 산다

사람 마음속에는 엄청난 힘이 잠재되어 있다. 특히 뇌의 영역은 인류가 밝혀낸 과학이 미진하여 근거를 제시하지 못했을 뿐 어마어마한 능력을 지니고 있다. 오히려 미개한 인간이 뇌를 이해하지 못한다고 하는 편이 옳을 것이다.

물에 빠져본 경험이 있는 사람은 알 것이다. 정신을 잃어도 혀가 목 뒤로 말려 들어가 기도를 원천봉쇄한다. 폐에 물 한 방울 들어가지 않도록 하기 위해서다. 그 명령을 누가 내렸을까? 뇌다. 혀만으로는 믿지 못해서 가래와 끈적거리는 침을 마구 분비해 기도 주위를 철저히 봉쇄한다.

사람은 아파트 2층 높이에서만 떨어져도 이미 정신을 잃는다. 땅에 처박힐 때까지 맨 정신으로 추락하는 게 아니다. 지면과의 충돌에서 겪게 될 엄청난 고통과 두려움을 미리 예상한 뇌가 정신을 잃게 만든다.

이처럼 인간의 뇌와 마음에는 자기 일생뿐 아니라 여럿이 함께 사는 세상까지 바꿀 힘이 있다.

뇌와 마음의 성장에는 현실에서 겪게 되는 다양한 물리적인 경험도 중요하지만, 무엇보다도 첫째로 '책'이 바로 명약이다. 책이야말로 마음과 생각의 양식이기 때문이다.

한국 사람이 밥을 먹지 않고 살아갈 수 없듯이, 소가 여물 없이는 생존할 수 없듯이 우리 눈에 보이지 않는 뇌와 마음은 책을 먹고 산다고 해도 과언이 아니다.

책은 마음의 건강을 지켜주는 명의다

사회가 발전하면서 몸을 관리하고 건강하게 사는 비결은 널리 알려졌어도 그 몸을 관리하는 마음의 건강법은 오리무중이다. 왜냐하면 마음을 관리하고 성장시킨다는 게 쉬운 일이 아니기 때문이다.

뿐만 아니라 그 비법을 축적해서 다른 사람에게 알려준다는 것은 더욱 어려운 일이다. 몸의 생김새는 사람마다 비슷해도 마음의 생김새는 제각각이기 때문이다.

이런 상황에서 그나마 책은 각자 자라온 환경과 경험의 차이에 상관없이 많은 사람들이 소통하고 이해할 수 있는 매개체다.

수백 년, 아니 수천 년 전에 쓰인 고전이 아직도 읽히는 까닭은 시대를 아우르는 인간의 마음이 담겨 있어서다.

책의 시대가 끝났다는 외침이 오래전부터 있었음에도 이 시대의 성공한 사람들, 존경받아 마땅한 사람들이 한결같이 책의 위대함에 감사를 표하는 것은 그 한 줄의 문장이 마음 밭에 새겨져 지워지지 않기 때문이다.

책은 얼마든지 의사가 될 수 있다. 동네병원 의사도 아닌 스타 같은 명의가 될 수 있다. 책을 그렇게 만들 수 있는 게 우리의 힘이다. 그 힘을 우습게 여겨서는 안 된다.

진주는
진흙탕에 떨어져도
빛을 잃지 아니한다

 '명심보감'에는 이런 말이 있다.

진주가 이토(泥土)에 떨어져도 빛을 잃지 아니하고, 군자가 어지러운 세상에 놓여도 실상을 밝게 통찰하여 색을 잃지 아니한다.

세상은 점점 더 빨라지고 있다. 세상이 빨라질수록 우리의 마음은 더욱 어지럽다. 아무 일도 아닌 데에 마음을 쓰고, 정작 중요한 일에는 무감각해진다.

이런 때야말로 마음의 중심을 잡고 바른 생각으로 살아가는 것이 필요하다. 그게 쉽지는 않아도 포기해서는 안 된다. 포기란 의욕을 버리는 것이다. 사람답게 살고자 하는 본능을 저버리는 짓이다.

우리의 본능은 행복을 추구하게끔 되어 있다. 그것을 버린다는 것은 생의 의지를 꺾어버리는 것과 다름없다.

나는 여러분보다 조금 더 오래 살았고, 그러는 동안 조금 더 많은 책을 읽었다. 그 와중에 깨달은 것은 현상을 분석하고 원인을 밝혀 대책으로 결과를 제시하는 책은 쓸모가 없다는 것이다. 흔히 얘기하는 자기계발서가 그러하다.

좋은 책이란 가능성과 비슷하다. 이 책이 지금 당장 나한테 필요한지, 당장 쓸모가 있는지 따져보기보다는 이 책을 읽은 후 내 안에서 생겨나는 것들이 기대되는 책이 정말 좋은 책이고, 당장 읽어야 될 책이다. 그것이야말로 인생이 원하는 진짜 처방전이기 때문이다.

과거는 바꿀 수 없어도 미래는 바꿀 수 있다. 우리는 지금도 책을 읽고 있으니까.

오만한 작가들의
사기행각

책에는
사람이
살고 있다

젊은 사람들의 독서 시간이 계속 줄어들고 있어 큰일이다. 특히 학교를 졸업하고 사회에 나가면 그런 경향은 더욱 심해진다. 학창시절과는 비교도 안 될 만큼 책과의 거리가 멀어진다.

현대인은 궁금한 정보를 인터넷에서 뒤지거나 친구들과 수시로 SNS를 주고받는 식으로 지적 갈증을 해결하는 데 익숙하다. 따라서 문자, 그 자체를 접하는 시간은 결코 적다고 할 수 없다. 업무에 필요한 지식과 노하우를 익히려고 열심히 공부하는 사람들도 많다.

하지만 문학과 철학, 예술, 과학처럼 일상생활 혹은 업무와 별반 상관이 없는 분야의 책을 최근에 읽어봤다고 자신 있게 대답할 수 있는 사람은 극소수다. 혼자만의 공간에서 조용히 책을 읽는 다……, 요즘 젊은이들이 가장 싫어하는 활동 중 하나일 것이다.

보답 없는 책읽기가 우리 인생을 살찌운다

그럴수록 삶의 호흡은 짧아질 수밖에 없다. 이는 나의 경험으로 알게 된 것이다.

'삶의 호흡이 짧아진다'는 말은 노력하자마자 성과가 눈에 보여야만 만족할 수 있다는 뜻이다. 기대한 것이 최대한 빨리 얻어져야 안도한다.

책도 그렇다. 당장 써먹을 수 있고 어디 가서 내 생각처럼 말할 수 있는 쉽고 짧은 글들이 더 환영받는다.

일본에 후쿠자와 유키치(福澤諭吉 1835~1901, 계몽사상가)라는 사람이 있었다. 네덜란드어로 서양 학문을 배우기 시작했을 무렵, "이렇게 어려운 책을 읽는 것은 우리들뿐이다. 배워봤자 (돈을 받고 누군가를 가르치는 것은 기대하기 어려우므로) 돈 한 푼 나오지 않을 것이다."라고 불평을 쏟아내면서도 그저 배우는 게 재미있어서 공부를 계속했고, 훗날 일본의 근대화를 이끈 선구자가 되었다.

죽기 전에 유키치는 책에 달리 어떤 보답을 구하지 않았던 그 시기가 자신을 이런 사람으로 만들어냈다고 고백했다.

현대의 우리들은 책에 수시로 보답을 재촉한다. 그러나 그것이 우리를 점점 더 작아지게 만드는 원인이 아닐까.

책은 삶의 호흡을 깊게 해준다

생활의 템포가 빨라지면서 현대인의 스트레스는 증가했다. 헉헉거리는 삶의 호흡으로는 사회가 주는 스트레스를 견뎌내지 못한다. 그렇기 때문에 우리는 삶의 호흡을 깊게 길러주는 책을 선택해서 읽어야 되는 것이다.

책은 '호흡'이다. 호흡을 통해 신선한 산소를 공급받아 신체에 활력이 더해지듯, 책은 새로운 나를 만드는 데 필요한 재료를 공급해준다. 책을 통해 새로운 지식을 흡수하다 보면 어느새 새로운 내가 태어나 있다.

인간의 세포는 수시로 교체된다. 하지만 우리는 그 찰나의 변화를 체감하지 못한다. 다행히 책이 있어 마음의 세포가 조금씩 교체되고, 내가 변하고 재생되는 과정과 기분을 느낄 수 있다.

"나는 배움에 의해 앞으로 나아가고 있다."라는 확신이 생기면 지금 안고 있는 고민과 불안은 뒤로 멀어져간다. 삶에 대한 고민과 불안을 완벽하게 없애지는 못하겠지만 지금보다 훨씬 작

게 줄일 수가 있는 것이다. 이 또한 책의 장점 중 하나라는 생각
이 든다.

책과 정면으로 마주보라

사람들은 대개 작은 일에 끙끙거린다. 타인을 원망하고 미워
한다. 최악의 시기는 언제나 작은 고민과 불안에서 시작된다.

내 안에서 고민과 불안이 점점 비대해져 결국에는 다른 일에
도 손을 미치지 못하게 되는 상태가 되어버리는 것이다.

이 악순환을 예방하는 가장 손쉬운 방법이 '책'과 정면으로
마주보는 것이다. 뭔가를 읽음으로써 삶의 호흡이 깊어지고, 삶
의 호흡이 한 번씩 되풀이될 때마다 고민과 불안은 작아지게 마
련이다.

먼 곳의 위대한 타인을 만나는 책읽기

요즘 같은 세상에서는 '가까운 곳의 타인'이라는 존재가 스트
레스의 원인으로 작용하는 경우가 많다. 예를 들어 나와 너를 비
교하게 되고, 그가 내게 던진 의미 없는 한마디 말이 나를 괴롭
히는 스트레스가 된다.

그에 비해 책은 '가까운 곳의 타인'이 아닌 '먼 곳의 위대한

타인'을 내 편으로 만들어준다.

'먼 곳의 위대한 타인'이란 소크라테스와 괴테 같은 위인을 말한다. 위인의 가르침은 우리에게 용기를 주고, '가까운 곳의 타인'이 내 안에서 작아지도록 힘을 보태준다.

그들 위인의 가르침을 생활에서 적절히 인용하여 위안을 삼는다면 그들이 내 삶의 조력자로서 나의 등 뒤를 지켜주는 것 같은 든든한 마음을 얻게 될 것이다.

나를 지켜봐주고 도와주는 사람들이 있다는 안도감과 자신감은 세상의 작은 일에 낙심하지 않는 강한 나를 만들어주는 버팀목이 된다.

독서는 그 사람의 인생이 된다

책은 우리가 가야 할 길을 열어준다. 학교를 졸업한 후에도 10년, 20년 계속 책을 읽다 보면 언젠가는 커다란 선물을 받게 된다.

내가 읽은 책들이 내 안에서 피가 되고 살이 되어 주위 사람들에게 정당한 평가를 받게 되는 날이 반드시 올 것이다. 이런 기회는 중도에 독서를 포기한 사람들에겐 절대로 찾아오지 않는다. 지속적으로 책을 읽어온 사람인지, 아니면 중간에 책읽기를 포기한 사람인지는 분위기만 보고도 알 수 있다. 그가 무엇을 읽고 있는지 구체적인 내용을 모르더라도, 책을 가까이 하는 사람은 작은 일에도 적극적이다. 그 모습을 통해 우리는 그가 독서의 길에 서 있다는 것을 알 수 있다.

일상에서 쓰는 어휘만으로도 그 사람의 독서량을 추측할 수 있다. 무심코 꺼낸 화제에서 읽은 책의 깊이가 드러난다. 독서의 총량은 사사로운 대화에서도 숨겨지지 않는다. 그것은 절대로 속일 수가 없는 것이다.

그렇기 때문에 책을 많이 읽은 사람은 스스로를 드러내려 하지 않아도 인생을 적극적으로 살아가려는 사람들에게 동경의 대상이 된다. 그만큼 기회가 늘어나고, 좋은 평가를 받게 된다. 그런 기회와 평가가 우리 인생을 보다 풍요롭게 만들어준다는 것은 의심할 나위가 없을 것이다.

우리를
지치게 하는
나쁜 책

네덜란드의 역사학자 호이징어의 대표작인 《호머 루덴스》에서 사람을 '놀이하는 인간' 으로 정의하고 있다.

이 책에서 저자는 "놀이야말로 인간의 본질이며, 동물은 본질적인 의미에서 놀이하지 않는다. 놀이하지 않는 인간이라면 그 자체로 인간성을 상실했다는 방증이다."라고 주장한다.

학창시절에 이 책을 읽고 상당한 지적 자극을 받은 기억이 난다.

놀이하는 인간, 배우는 인간

니체도 인간의 본질을 '놀이하는 존재' 로 인지했다.

"내가 신을 믿게 된다면 그가 춤을 추고 있었으면 좋겠다."

《짜라투스트라는 이렇게 말했다》의 한 구절이다.

나는 책이야말로 궁극적인 놀이이며, 신명나는 춤의 절정이라고 생각한다.

　'놀이' 라는 행동양식도 그러하지만, 인간의 정체성은 바로 '배우는 존재' 에서 찾을 수 있다.

　어떤 형태이든 배움을 거부하는 사람이 있다면 그는 인간의 길에서 서서히 벗어나고 있는 중이라고 보아도 된다. 마침내 배움의 모든 과정에서 탈락하고 만다면 그는 먹고 배설하는 생명 유지가 고작인 상태가 되고 만다. 본질적인 의미에서 그는 더 이상 사람이 아닌 것이다.

병든 인간, 병든 사회를 판단하는 기준은?

　뇌사 상태이더라도 생명, 그 자체의 존엄성에는 변함이 없다. 책을 읽지 않는다고 해서 지각과 지능이 사라지는 것도 아니다. 그러나 책을 읽고 거기에 쓰여 있는 내용을 배우려 들지 않는다면 인간에게서만 발견되는 인간다운 빛남이 사라질 수밖에 없다. 인간의 특성이 결여된 존재가 되는 셈이다.

　사회의 동맥경화를 판단하는 기준 가운데 사회 구성원들의 독서 습관을 파악하는 방법이 있다. 절대적인 판단 기준은 아니지만 여기에는 많은 상관관계가 있기에 판단의 좋은 근거가 된다.

책을 좋아한다는 것은 "새로운 세계를 알고 싶다." "훌륭한 사람들의 가르침을 듣고 싶다."라는 배움에의 의욕이 구체화된 상태다. "나를 수정해서 더 나은 사람이 되고 싶다."라는 열망의 표현이기도 하다.

그런 의미에서 독서는 배움의 수법 중 가장 절대적인 핵심이 된다.

무의미한 정보들이 넘쳐나는 세상

지금 우리가 살고 있는 세상을 정보화 사회라고 부른다. 정보가 경쟁력인 세상에 우리는 살고 있다. 요즘에는 책이 아니더라도 다양한 방법으로 원하는 것들을 알아낼 수 있다.

그렇다면 '정보'는 나의 본질에 어떤 영향을 미치는 걸까?

'정보'의 성질은 유출과 외면화다. 휴대전화 서비스로 속속 새로운 뉴스가 도착한다. 그러나 대부분이 나와 관계없는 내용들이다. 그런 뉴스를 아무리 많이 접해도 그로 인해 내가 변화하지는 못한다. 새로운 나, 발전된 나를 이끌어내는 진정한 배움은 실현되지 않는다.

책을 통한 배움

진심으로 나를 바꾸고 싶고, 또 그런 배움에 목마르다면 선택에 의한 배움, 즉 내게 필요한 책을 골라 그 책을 쓴 작가와 직접적으로 얼굴을 맞대는 독서가 가장 빠른 길이다.

플라톤은 소크라테스와 대화하면서 자기만의 사상을 일궈냈다. 그리고 우리는 수천 년이 흐른 오늘날에도 플라톤이 쓴 《소크라테스의 변명》을 읽으며 감동과 변화를 경험한다.

그런데 몇몇 오만한 작가들이 우리와 책 사이에 놓인 다리를 조금씩 무너뜨리고 있다. 그들은 뻔한 말, 별것도 아닌 내용들로 수백 페이지의 책을 기계적으로 쓴 다음, 작위적인 홍보로써 우리가 책에 기대하는 배움의 기회를 가차 없이 날려버린다.

그래놓고도 양심의 가책을 느끼기는커녕 제목과 순서만 다를 뿐인 거의 똑같은 책을 수백 권씩 거리낌 없이 내놓고 있다.

나쁜 책과의 무의미한 만남에 빠진 우리 사회

우리는 그런 책들을 기대에 부풀어 구입하고, 내용에 실망하고, 다시 또 편한 길이 없을까, 오프라인과 온라인 서점을 들락거리며 내가 읽고 싶은 책, 내게 필요한 책이 아닌 많이 팔린 책이 어디 있는지 뒤지고 있다.

책은 사람이라고 말했다. 사람과 사람은 만남을 통해 공존한다. 지금 우리의 독서 상태는 만남으로 치자면 만나봐야 도움이 안 되는 사람들을 상대하느라 진이 빠져 정작 만나야 될 사람들에겐 무심한, 나아가 만남 그 자체를 무의미하게 인식하는 상황이라 할 수 있다.

당신이, 그리고 우리 사회가 이렇게까지 된 이유는 무엇일까?

작가는
맛을 감추기 위해
소스를 뿌려준다

뉴욕의 대표적인 요리사 중 한 명이자 레스토랑 경영자인 톰 콜리치오의 자서전을 보면 이런 내목이 나온다.

어렸을 때 고기를 구운 적이 있다. 처음으로 고기를 굽던 날 겪은 일이다. 고기를 굽자마자 우선 한입 먹어보았다. 말 그대로 고기 맛이었다. 그래서 소금을 조금 뿌려보았다. 그랬더니 놀랄 만큼 맛이 있었다. 나는 소금이 이토록 맛을 낼 수 있다는 사실에 놀랐다. 그래서 계속 소금을 뿌리며 고기를 구웠다. 그랬더니 고기가 점점 더 맛있어지는 것이었다. 나는 소금을 몽땅 뿌렸다. 하지만 이번에는 삼키지도 못하고 뱉어버렸다. 너무 짜서 아무 맛도 나지 않았다. 나는 그때 처음으로 어떻게 간을 맞추는가에 따라 맛이 결정될 수 있다는 것을 알게 되었다.

요리사인 그가 깨달은 이 이야기는 책에도 똑같이 적용된다.

소금을 너무 많이 뿌린 책

작가들도 책을 쓰면서 간을 맞춘다. 시중에 나와 있는 책들을 보면 소금이 모자라는 책부터 소금이 너무 많이 뿌려져 고유의 맛이 사라진 책까지 다양하게 존재한다.

현대인들은 짠맛에 길들여져 있어 웬만한 간으로는 성에 차지 않는다. 또 마치 음식에 장난을 친 것같이 한껏 멋을 부려 내놓은 화려한 레스토랑 요리에 익숙해져 소박한 가정의 식탁을 외면한다.

그러나 최고의 요리사 톰 콜리치오가 깨달았듯 양념은 적당해야 원재료의 맛을 해치지 않는 법이다. 우리의 인생에서도 균형 있게 조절하며 살아가는 사람이 맛있는 인생을 즐기게 된다. 마찬가지로 어떤 분야의 책이든 간에 균형을 잃지 말아야 독자에게 좋은 영향을 끼칠 수 있다.

정도의 차이는 있겠지만 책에도 '분수' 라는 것이 있다. 책의 분수는 그 책을 쓴 작가의 역량이다. 작가라고 해서 모두 동일한 능력, 동일한 운을 타고나는 것은 아니다. 그 분수에 맞는 진실한 책이 독자의 건강을 해치지 않는다.

분수에 맞지 않는 책은 독이 된다

우리는 지금 병(病)의 시대를 살아가고 있다. 온갖 잡병부터 죽음에 이르는 병까지 호흡하는 것처럼 병마 곁에서 생존하고 있다. 현대병의 가장 큰 원인은 운동이다. 운동을 안 해도 병에 걸리고 지나치게 운동해도 병에 걸린다. 이처럼 책도 부족하거나 넘쳐서 병이 되곤 한다.

나는 나쁜 책을 이렇게 정의한다. 겉보기는 그럴 듯하나 속은 텅 빈, 마치 대형마트 수족관에서 보름씩 쫄쫄 굶어 아사 직전인 랍스터 같은 책. 또 대단한 주제가 아님에도 작가 혼자 들떠서 간이라는 간은 다 뿌려댄 책. 후자를 비유하자면 소수의 마니아들이 즐겨 먹는 특제 라면이다. 그래봐야 팜유로 튀겨낸 몸에 안 좋은 인스턴트 라면일 뿐인데 따로 면을 삶아 기름을 빼고 온갖 양념에, 해물에, 고기를 섞어 호화찬란하게 한 상 차려낸다. 하지만 그래봐야 라면일 뿐이다.

기존의 라면과 달라 처음 봤을 때는 시각적으로나 냄새나 맛이 색다를 수도 있다. 순간적인 열광이 있을 수도 있다. 이때 대중에 휩쓸려 함께 열광하며 먹어봐야, 라면인 것이다.

인스턴트식품과 베스트셀러

라면은 한국인이 가장 좋아하는 음식 중 하나다. 국민 1인당 라면 소비량은 세계 1위다. 그렇다고 라면을 건강식으로, 장수식품으로 반드시 먹어야 하는 필수 영양식이라고 생각하는 사람은 없다.

대부분의 베스트셀러가 이러하다. 정말 길어야 1~2년, 보통은 몇 달, 대다수가 몇 주 후에 목록에서 사라지고 서점 평대에서 사라지는 책들이 부지기수다.

그렇게 잠시 후 사라져갈 책들을 판매하기 위해 엄청난 소스가 첨가된다. 원재료의 빈약한 맛을 숨기고자 소스로 우리를 유혹하는 것이다. 이런 책이 정신의 피가 되고 마음의 살이 될 리가 없다.

양념이 너무 많은 책을 경계하라

작가들이 자기 책에 양념을 많이 뿌리는 이유는 원재료의 맛을 감추기 위해서다.

요리사는 좋은 고기에 약간의 소금으로 최고의 요리를 내놓는다. 그러나 신선하지 않은 재료에는 많은 양념을 하여 원재료의 맛을 감추는 법이다.

지금 시중에 나오는 많은 책들이, 베스트셀러라며 소개되는 책들까지도 그 내용은 텅 비어 있는 경우가 많다. 많은 책들이 '꼭 알아야 할', '반드시 읽어야 할' 이라는 부제가 붙어 현대인에게 꼭 필요한 내용인 것처럼 소개되고 있지만, 그럴수록 내용은 빈약한 경우가 많다.

작가들은 이런 시류에 발맞춰 자신의 특별한 능력을 엉뚱한데 쏟아 붓고, 출판사는 화려한 포장과 광고로 독자들을 속이고 있다. 책도 하나의 상품이라고는 하지만 그 정도가 너무 심하다는 생각이 든다.

다른 업계보다도 식품업에 종사하는 사람들에게 더욱 높은 수준의 양심이 요구되듯, 마음의 양식을 다루는 이들에게도 그에 걸맞은 높은 도덕성을 요구해야 한다. 그것을 일깨우는 이들은 이제 독자들이 되어야 할 것이다.

1년에 40권씩
집필하는
베스트셀러 작가

1년에 평균 40권씩 쓰는 작가가 있다. 나카타니 아키히로라는 일본 작가이다.

1년에 40권을 쓴다는 얘기는 한 달에 서너 권씩 자기 책을 출판한다는 것으로, 1년에 한두 권 쓰기도 어려운 일반 작가들과 비교하면 엄청난 페이스, 믿기지 않는 역량이다.

잘나가는 작가의 잘나가는 책

나도 이 사람의 책을 몇 권 번역했다. 우리나라에서 꽤 잘나가는 일본 작가였기 때문이다.

많은 출판사들이 나카타니의 책을 반긴다. 쉽고, 눈에 잘 띄고, 대중이 원하는 평균적인 관심사를 다루는 데 능숙해서다. 일본과 거의 동시에 한국에서 나카타니의 책이 번역되곤 한다.

국내에서 가장 많이 팔린 책은 《20대에 하지 않으면 안 될 50가지》다. 제목부터 인스턴트라면 냄새가 강렬하게 풍기지 않는가?

책의 요점은 간단하다. 20대라는 젊음의 특권을 마음껏 누리면서 남들이 기피하는 아픈 경험을 반복하라는 것. 30대와 40대를 결정짓는 것은 20대이므로 미래를 위한 토대를 마련하라는 것. 뻔하디 뻔한 처세술의 반복이지만 구절마다 사람 마음을 흔드는 대목이 있다. 일본에서 잘나가는 CM 기획자인 나카타니 아키히로만의 특제 소스다.

쉬운 책이 정말 좋은 책인가?

그래서 이 책을 읽은 독자들의 반응은 '쉽다', '금방 읽힌다', '읽고 나면 현재의 생활을 돌아보게 된다' 등 긍정적인 것들이 주를 이룬다. 그리고 50가지 중에 내가 못 해본 것들에 대한 불안감과 '과연 나도 할 수 있을까'라는 회의감이 다음을 차지한다. 그런 의미에서 나태해져가는 자신을 돌아볼 수 있게 만들어주는 책이라는 것이다.

그것도 나쁘지 않다. 젊은 독자들에게 도움을 줄 수 있는 책일 수도 있다. 책의 반응은 일본에서도 좋았다. 그래서 나카타니는 《30대에 하지 않으면 안 될 50가지》, 《40대에 하지 않으면 안 될 50가지》를 연달아 썼고, 모두 국내에 출간되었다.

내용은 너무나 식상하다. 누구나 살면서 한 번쯤 생각해본 일들이다. 그런데 작가만의 특제 소스가 더해지면서 사람들의 호기심과 입맛을 자극한 것이 성공 요인이 되었다.

오늘날의 베스트셀러 작가

현재 나카타니 아키히로가 쓴 책 중 100여 권이 국내에 번역되어 판매되고 있다. 분야도 다양하다. '면접 기술' 부터 '상대방 마음을 얻는 방법', '시간 활용법', '오드리 헵번처럼 화려하게 사는 비법', '대화하는 방법', '저축하는 방법', '독서법', '리더십' 은 물론이요 하다못해 '미움받는 기술' 까지.

나카타니 아키히로는 오늘날 베스트셀러 작가의 전형이다. 이들의 목표는 어떤 분야의 전문적 글쓰기가 아닌 '팔리는 책' 의 대량생산에 있다. 내가 아는 것들을 전달하려는 목적보다는 책을 팔아 인세로 떼돈을 버는 것이 목적인 것이다.

일본에서는 꽤 오래전부터 이런 류의 작가들이 대거 등장했는데, 최근 들어 국내에도 전공이나 삶의 경력이 우리에게 그다지

해줄 말이 없을 것처럼 보이는 사람들이 마구 책을 쓰고 책을 팔고 있다.

말로는 무슨 일이든 못 하랴

이들의 무기는 '소금 간'이다. 익숙한 소금 맛 하나로 공감을 끌어내는 중독성이다.

뭔가 새로운 것을 말해주거나 깨우쳐줄 능력이 없으므로 특제 소스라는 비법으로 같은 말을 다르게 하거나 혀를 꼬거나 당연한 얘기를 아닌 것처럼, 해서는 안 될 일을 해도 되는 일처럼, 자기도 해본 적 없으면서 누구나 할 수 있는 것처럼 부채질한다. 그러나 특제 소스라는 것도 따지고 보면 너무나 익숙한 소금 맛에 불과하다.

정작 자기 자신은 그렇게 살아본 적도, 생각해본 적도, 시도해본 적도 없으면서 하얀 종이 위에서는 무엇이든 가능한 것처럼, 누구든지 자기가 쓴 책을 읽고 나면 그렇게 될 수 있는 것처럼 장담한다.

성가신 노력이 필요 없는 책

독자가 이들이 쓴 책에 관심을 보이는 까닭은 어디선가 많이 들어본 이야기이기 때문이다. 그것은 쉽게 공감을 자아낸다. 작가의 뜻을 이해하기 위해 성가신 노력을 할 필요가 없다.

　나도 평소에 그렇지 않을까, 바뀌어야 되지 않을까, 남들과 잘 어울려야 되지 않을까 고민하던 차에 열심히 일해라, 생각을 바꿔라, 타인과의 관계에서 너를 잃지 말아라 같은 부모님이나 친구들이 얼마든지 해줄 수 있는 충고를 큰 울림으로 받아들이고 그대로 흡수하는 것이다. 그러고는 그 책이 나에게 도움이 되었다고 믿어버린다.

　하지만 작가가 장담한 변화는 일어나지 않는다. 독자들이 먹은 것은 소스에 불과할 뿐, 정작 독자의 몸으로 흘러 들어간 음식 재료는 싸구려 햄버거 파티에 지나지 않았기 때문이다.

그들은
어떻게
책을 쓰고 있는가

바야흐로 '글의 홍수' 시대다. 출판 시장은 날이 갈수록 협소해지고 있다는 볼멘소리가 터져 나와도 글을 쓰겠다는 사람은 점점 더 늘어나고 있다.

엊그제까지 텔레비전에서 뉴스를 진행하던 여성 앵커가 하루아침에 여행 작가가 되어 책을 발간한다. 책 표지에는 여행지보다도 더 크게 그녀의 사진이 걸려 있다.

유명인을 등에 업어야 베스트셀러가 되는 시대

2006년 한 해에만 100만 부가 넘게 팔린 《마시멜로 이야기》의 성공 요인 뒤에는 번역자로 나선 유명 아나운서가 있었다. 저자에 대한 소개는 없고 책 곳곳에 당시 한창 주가를 올리던 여자

아나운서의 화보 같은 사진이 수록되어 있었다.

그러다가 진짜 번역자가 따로 있었다는 게 들통 나면서 인기에 힘입어 프리랜서를 선언했던 그녀는 지금까지도 방송에 얼굴을 비치지 못하는 처지가 되었다.

《마시멜로 이야기》가 베스트셀러에 등극한 요인은 역자를 자처한 여자 아나운서의 인기와 소품처럼 예쁘장한 책 표지, 그리고 누구든지 쉽게 따라 할 수 있는 질 낮은 잠언 수준에 있었다.

특히 젊은 여성들 사이에서 선풍적인 인기를 끌었는데, 당시 여성들의 롤 모델이었던 번역자에 대한 동경이 판매에 큰 도움을 주었고, 이는 이후 출판계에서 하나의 트렌드가 되었다.

유명인의 글쓰기

그때의 트렌드가 지금까지 이어져 최근 출판 시장의 대세는 전문가의 글쓰기다. 각 분야의 전문가들이 자기 이름을 앞세워 책을 쓰는 것이다.

20대 초반의 유명 아이돌 그룹이 자서전을 쓰고, 축구 감독이 월드컵 뒷이야기를 책으로 내고, 대기업 사장이었던 사람이 면접관으로 일했던 시절을 떠올리며 면접에서 좋은 인상을 남기는 법에 대해 코치한다.

텔레비전에서 어떤 식으로든 이슈가 됐던 인물은 예외 없이 책을 쓰고, 대부분 베스트셀러가 된다.

대중의 인기에 영합하다

요새 나오는 베스트셀러의 특징은 독자의 요구를 따라간다는 데 있다. 과거에는 참신함, 혹은 독특함으로 무장된 책들에 사람들이 관심을 보였다면 지금은 대중이 궁금해하는 인물이 직접 쓴 책이 인기를 끌고 있다. 책의 내용보다도 작가의 유명세가 책의 가치를 결정하는 셈이다.

이런 책들은 내용이 상대적으로 부실할 수밖에 없다. 이미 여러 매체에서 저자의 노하우가 반복적으로 생산되었기 때문이다. 텔레비전에서 했던 말이 문장화되어 책에 그대로 실린 경우가 대부분이다.

미국의 유명 교수가 쓴 책도 마찬가지다. 제목에 떡하니 '정의'라는 단어가 박혀 있지만 본문에는 정의에 관한 논평도, 정리도 없다. 왜냐하면 수업시간에 그가 했던 강연을 속기해서 정리한 데 불과하기 때문이다.

하지만 작가의 유명세 때문에 의식 있는 대학생들의 필독서가 되었다. 빛 좋은 개살구, 빈 수레가 요란하다는 우리 속담과 딱

들어맞는 책이 이런 종류이다.

베스트셀러의 수명은 짧다

모든 베스트셀러가 그렇다는 얘기는 아니지만 조류를 타는 베스트셀러가 90퍼센트 이상이다. 파도가 잠잠해지면 바다 밑으로 가라앉는 게 운명인 책들이 대부분이다.

그 인물에 대한 궁금증이 해소됨과 동시에 책의 가치가 소멸되는 일회성 이벤트에 불과하다.

그런데 그것을 읽기 위해 나의 시간과 정력을 소진한다는 것은 너무나 큰 손해가 아닐까. 물건 하나를 골라도 가격과 품질을 비교하는 것이 상식처럼 통하는 요즘 시대에 책은 여전히 타인의 기호에 좌우되는 것을 보노라면 안타까운 생각이 든다.

개성을 중시하여 나랑 똑같은 옷을 입은 사람만 봐도 괜히 화가 난다는 현대인들이 책은 남들이 읽고 뱉어낸 것을 주워 삼키는 것을 최선으로 여긴다는 게 나는 도무지 이해되지 않는다.

자질 없는
작가의
베스트셀러 만들기

하루에 매일 200자 원고지 2장씩을 쓴다고 하면 1년에 몇 장이나 쓸 수 있을까? 730매다. 원고지 730매라면 책을 만들기에 충분한 분량이다.

책은 특별한 사람들이 쓰는 것 아니냐고 생각하는 사람들이 많지만, 하루에 고작 원고지 2장씩만 써도 1년 후에는 작가가 될 수 있다.

요즘은 원고지로 글 쓰는 사람이 없으니 이해하기 쉽게 A4 용지로 계산을 해보자. 보통 A4 한 장은 원고지로 10매 안팎이다. 따라서 원고지 2장이라면 A4 용지의 5분의 1 정도다. 대략 일고여덟 줄이 될 것이다.

하루에 그 정도만 써도 1년이면 자기 이름을 걸고 책을 낼 수 있다. 물론 출판사에서 내가 쓴 원고를 마음에 들어한다는 가정에서다.

누구나 작가가 될 수 있는 시대

어쨌든 쓴다는 행위가 대중화된 시대임은 분명하다. 여고생이 개인 홈페이지에 올린 로맨스 소설이 인기를 끌면서 정식 출간되고, 이것이 베스트셀러가 되어 영화로까지 만들어진다.

그 소설이라는 게 기본적인 맞춤법과 전통적인 문장기법을 깡그리 무시한 문장부호들과 인터넷에서 유행하는 이모티콘의 나열일지라도, 읽을 사람은 읽는다. 좋은 책인가는 중요하지 않다.

과거와 달리 지금은 누구든지 글을 쓰는 시대다. 누구든지 자기가 쓴 글을 책으로 출간할 기회를 얻을 수 있는 시대다. 책이 안 팔린다고 아우성이지만 책의 종류와 작가의 다양성은 그 어느 때보다 활발하다.

책쓰기의 유혹

직장생활을 하면서 책을 내는 작가들도 많아졌다. 현실이라는 토대에 발을 담그고 누구나 공감할 수 있는 에피소드, 사회인이라면 누구든지 궁금해하는 삶의 소스를 다루는 작가들이다.

이들이 인기를 끌면서 다양한 분야의 직장인들이 취미 삼아 책을 썼다가 베스트셀러가 되면 직장을 그만두고 전업 작가의 길로 나서고 있다. 전문적으로 문장을 공부한 것은 아니다. 책은 좋아했겠지만 불과 몇 년 전까지도 자기가 책을 쓰게 되리라고는 생각하지 못했을 것이다.

직장이나 사회에서 조금 특이한 경험, 혹은 모두가 당연시하는 경험을 바탕으로 뭔가 하고 싶은 말이 있었고, 그래서 출판사에 원고를 보내봤는데 작가의 평범함에 경쟁력이 있다는 출판사의 판단으로 책이 나왔고, 독자들은 감동이나 교훈보다는 책 내용이 내 얘기 같다는 동질감에서 흥미 위주로 읽었을 것이다. 그리고 베스트셀러가 되었다.

자신감이 생겨 회사를 그만두고 본격적인 전업 작가의 길로 들어선다. 처음엔 여러 출판사에서 관심을 보여주고 책도 내준다. 어쨌든 한 번 팔렸던 작가이기 때문에 인지도가 있다는 생각에서다.

하지만 시간이 지날수록 십중팔구 책의 내용은 평범해진다. 쓸 것이 없기 때문이다. 평범하게 직장생활하던 사람이 하루아침에 베스트셀러 작가가 되는 많은 경우에는 그 뒤가 없다. 그다음에 쓸 것이 없기 때문이다.

시류를 따라 자기계발서 분야에 뛰어들지만 그래봐야 평범한 직장인이었던 만큼 남에게 충고해줄 것이 많지 않다. 성공한 사람만의 노하우가 없는 것이다.

인세를 믿고 회사도 그만둔 그들, 작가의 길에서 끝을 보겠다는 작심에는 변함이 없으나 안타깝게도 후속작은 누군가의 책을 흉내 낸 짜깁기, 표절의 연속이 될 수밖에 없다.

쓰는 것이 다는 아냐

출판사에서 필자를 발굴하려 할 때는 먼저 그 사람이 많은 양을 쓸 수 있는 사람인가를 살펴본다. 아무리 명작이더라도 조금밖에 못 쓰는 사람은 작가가 될 수 없기 때문이다.

반대로 아무리 졸작이더라도 많은 양을 쓸 수 있는 사람에겐 작가가 될 기회가 주어진다. 일단 책을 만들 수 있는 분량을 써 오기 때문이다. 포장은 출판사의 전문 인력들에 의해 얼마든지 거창하게 꾸며질 수 있다.

졸작이더라도 글을 쓴다는 것 자체는 분명 재능이다. 그러나 독자가 원하는 작가의 재능과는 거리가 멀다.

평범한 사람이 어느 날 갑자기 베스트셀러 작가가 될 수는 있다. 그런데 딱 한 번뿐이다. 절대다수의 경우 두 번째는 없다. 그런데 우리는 대부분 그런 사람들의 두 번째 책을 아무 의심 없이 구입한다.

그들은 우리와 다르지 않다. 내가 알고 있는 것과 그들이 알고 있는 것 사이에는 차이가 없다. 다만 나는 쓰지 않았을 뿐이고, 그는 써서 팔았을 뿐이다.

그렇기 때문에 아무 책이나 읽어서는 안 되는 것이다. 그리 대단치도 않은 사람이 운 좋게 책을 낸 것일 수도 있기 때문이다.

또 다른 작가군, 교수

베스트셀러 작가 중에는 교수님들도 많다. 아마도 우리나라에서 책을 제일 많이 쓰는 직업군을 꼽으라면, 소설가나 시인 같은 글줄로 먹고 사는 사람들보다 '교수'가 1위를 차지할 것이다.

출판사 편집자에게 들은 이야기다. 그들은 각계각층 사람들로부터 원고를 받아 읽게 된다. 유명 작가부터 시작해 잘나가는 교수, 대기업 연구원, 수돗물처럼 텔레비전만 틀었다 하면 나오는 방송인, 고위 공무원, 파워블로거로 통하는 주부, 억대 연봉을 번다는 농부에 이르기까지 실로 다양한 사람들이 쓴 글을 읽는다.

그들이 써서 보내온 글들 중에 괜찮다 싶은 것을 정성껏 고치고, 예쁘게 편집해 책으로 만드는 것이 편집자들의 역할이다. 내가 보기엔 돈도 얼마 못 받으면서 힘들게 일하는 3D 업종 중 하나인 것 같다.

그런데 출판사 편집자들이 가장 이해하지 못하는 아이러니는, 여러 직업인들 가운데 대학교수가 글을 제일 못 쓴다는 점이다. 교수 십 명 중 일고여덟은 한글 맞춤법을 몰라도 너무 모르고, 원고를 읽다 보면 도대체 어디가 주어이고 어디가 술어인지, 무슨 말을 하려는 것인지조차 이해할 수 없는 글들이 수두룩하다고 한다.

전문성이 결여된 전문가의 글쓰기

내가 보기에도 그렇다. 어느 교수가 쓴 책이 베스트셀러 상위를 차지하기에 서점에서 잠깐 읽어봤는데 작문 실력이 중간 이하였다. 상아탑에서 곱게 자란 분들이라 그런지는 몰라도 그들의 글은 대개 보통 사람들의 독해 수준을 뛰어넘는다.

좋은 의미에서 뛰어넘는다는 말이 아니다. 누가 봐도 아, 이건 대학교수가 쓴 글이구나, 라고 고개를 주억거리게 만들고 싶어 안달이 난 느낌이다. 학술적 용어는 그렇다 치고 대학원생 논문만도 못한 축축 늘어지는 문장들이 수많은 쉼표와 함께 거의 한 문단 길이로 이어진다. 작가 자신도 무슨 말을 하고 있는지 이해하지 못하고 있는 듯한 문장들이다. 스스로 정립되지 않은 지식을 감추려는 의도인지 대개 난해한 문장들로 페이지를 가득 채운다. 이는 문장을 두세 토막 나눠서 될 일이 아니다.

구성이 근본적으로 잘못된 원고도 많다. 그래서 아예 원고를 쪼개 무명 작가 몇 명에게 다시 써달라고 의뢰하는 경우도 많다고 한다.

나 역시 예전에 신문기자로 일할 때 서울의 유명 대학, 그것도 국문과 교수이면서 시인이었던 분에게 칼럼을 청탁했다가 맞춤법부터 엉망인 원고를 받고 충격받은 기억이 있다.

이런 경우도 있었다. 맞춤법의 중요성을 강조하는 책을 쓴 교수가 '맞춤법'을 계속 '마춤법'으로 썼기에 오타가 난 것으로만 알았는데 나중에 보니 '맞춤법'의 정확한 표기를 '마춤법'으로 알고 있었다.

독자를 속이는 이들

이런 이들이 대입 수험생들에게 논술고사를 요구하고, 대학원생들이 쓴 논문을 골라 자기 이름으로 된 전공서적을 내고, 에세이나 자기계발서를 써서 세상 독자들을 기만한다.

그들이 쓴 다수의 책은 제목부터 내용까지 밤을 새워 다 뜯어

고쳐 읽힐 만한 수준으로 만들어낸 편집자들의 피땀이다.

최근에 모 교수가 청춘에 대해 쓴 책도 교수 본인이 정해놓은 원제는 80년대 인생독본 같은 수준이었으나 출판사 편집부의 아이디어로 바뀌었고, 이제는 대한민국 사람이라면 모두가 입에 담는 유행어가 되었다. 얼마 전에 그 교수가 텔레비전 강연에 등장해 자신이 책 제목을 그렇게 정하기까지 얼마나 고뇌했는지를 자랑하는 장면에서는 실소가 나왔다.

기본적인 자질을 갖추지 못한 이들의 집필 활동이 유행처럼 번지면서 책의 질은 점점 더 낮아지고 있다. 지금 독자를 속이는 가장 흔한 방법이 바로 작가의 이름을 내세우는 것이다. 그런 책이 세상에 나오기까지의 배경을 알게 되면 독자들은 굉장한 배신감을 느낄 것이다.

자기계발서를 읽고
성공했다고 말하는
자기계발서 저자는 없다

실용서의 사전적 의미는 '문학이
나 전문적인 내용을 담은 것이 아니라 현실 생활에 직접적인 도
움이 되는 내용을 담은 책'이다.

즉 살다 보면 언젠가는 알게 되거나 생각하게 되는 것들을 굳
이 책으로 만들어낸 것이 실용서인 셈이다.

대형 서점은 항상 사람들로 북적인다. 점심시간에는 양복 입
은 직장인들도 제법 눈에 띈다. 사람들이 제일 붐비는 곳은 경
제·경영이나 자기계발 같은 실용서 코너다. 이 책만 읽으면 성
공할 수 있다고 자신 있게 말하는 제목들에서 사람들은 눈을 떼
지 못한다.

바쁜 현대인에게 각광받는 자기계발서

실용서, 흔히 자기계발서라고 불리는 책들은 우리에게 효과적인 삶을 약속해준다. 남보다 먼저 움직일 수 있는 방법을 제시해준다. 책에 의하면 그대로 따르는 것만으로 성공하게 된다고 하니, 이보다 매력적인 책은 없을 것이다.

반면에 어렵고 재미없는 책들, 흔히 인문학으로 분류되는 것들은 오늘 내가 무엇을 해야 하는지 말해줄 생각이 없어 보인다. 뭔가를 알려주기는커녕 자꾸 뭔가를 궁금하게만 만든다. 자기계발서가 '성공하는 사람들의 일곱 가지 습관'에 대해 알려줄 때 인문학은 '짜라투스트라' 같은 미치광이의 일생에 대해 읊조리고 있을 뿐이다.

많은 사람들이 내가 어떤 존재인지 궁금해하기보다는 나를 어떻게 활용할 수 있는지에 더 관심을 갖는다. 정답을 원하는 것이다.

그런데 이 정답이라는 게 금방 찾아지는 것이 아니다. 회사 다니고 학교 다니고, 사람들에게 치이는 동안에 시간을 내서 정답에 이르는 방법과 길을 모색하는 것은 쉬운 일이 아니다.

그래서 태어난 것이 자기계발서다. 바쁜 현대인이 아침에 토스트를 먹고, 점심에 햄버거를 먹듯 자기계발서를 읽게 된 것이다.

실용서는 과연 실용적인가?

그러나 이는 인생이라는 과정을 통해 자연스레 쌓이는 연륜과 깊이, 지혜를 기다려줄 시간이 없다는 핑계가 아닐까 한다. 스스로 질문하고 스스로 답을 찾는 과정을 귀찮게만 여기는 것이다.

그래서 바쁜 현대사회에는 광고에 나오는 3분 짜장처럼 전자레인지에 넣고 반나절만 돌리면 뭐라도 하나 얻어걸리는 게 있을 것 같은 자기계발서가 홍수처럼 쏟아지게 되었다.

그러나 실은 자기계발서야말로 세상에서 가장 비실용적인 도구다. 독자들은 자기계발서의 효과가 빠르고 확실하다는 믿음을 품고 있지만, 그 실용의 이면에는 '편협' 이 숨어 있다.

정답이라 우기는 자기계발서

인생에 '정답' 이 하나뿐일까? 아마 그렇다고 생각하는 사람은 없을 것이다. 그런데 각각의 실용서는 제목에서 말하고 있는 그것만이 인생을 성공으로 이끄는 정답이라고 우긴다. 습관, 긍정, 자기경영, 공부법, 한 권의 책, 명품, 수첩, 경쟁력, 광기, 기술 중 하나만 있으면 성공하게 된다고 우기는 것이다.

그렇게 우겨대는 책을 쓴 저자 본인조차 지키지 못하는 그럴듯한 처세술을 독자에게 강요하고 있다.

자기계발서가 꼭 나쁘다는 것은 아니다. 다만 나쁘지 않다고 해서 좋다고 말해줄 수는 없다는 것이다.

자기계발서를 읽는다는 것은 균형 상실을 뜻한다. 자기계발서는 그 특성상 이해가 빠른 한 가지 주제에 집착할 수밖에 없다. 따라서 자기계발서 한 권을 읽고 나면 우리의 지성과 마음은 지나치게 한쪽으로 치우친다.

자기계발서 저자들, 쉽게 말해서 우리가 성공이라는 측면에서 충분히 본받을 만하다고 인정하는 그들 중에 특정 자기계발서를 읽고 성공했다고 고백한 이들은 없었다.

자기계발서에서도 얻을 것이 있을까?

물론 반론도 있다. 그들은 이렇게 말한다.

자기계발서의 상당수가 자신의 성공기 내지는 성공한 사람들을 취재한 내용이다, 따라서 한 사람이 평생토록 습득한 지혜를 책 한 권으로 흡수할 수 있는 최고의 방법은 자기계발서를 읽는 것이다, 현재 자기계발서를 읽는 사람이 많다는 것은 그만큼 수요가 있다는 뜻이며, 이런 책을 읽고 동기부여와 자기 반성이 동반된다면 굳이 자기계발서를 천시할 이유가 없다, 무엇보다도 자기계발서를 읽는 것은 죄가 아니다, 라고.

판단은 독자들 각자의 몫이다. 그러나 꾸준히 책을 읽어본 사람 치고 자기계발서를 비판하지 않는 이들은 없다. 별것도 아닌 내용을 별것이나 되는 듯이 과대포장해서 사람들을 현혹시키는 불량식품이라고들 말한다.

이들이 자신들의 수준 높은 독서를 자랑하기 위해서 애꿎은 자기계발서를 비판하는 것일까?

자기계발서는 일회성 소비품

자기계발서의 가장 큰 허점은 자기계발서를 읽고 실제로 성공한 사람이 없다는 것이다. "나는 자기계발서를 읽고 성공했다."라고 고백하는 사람이 하나라도 있다면 그 실용성이 증명될 것이다. 그러나 그렇게 고백하는 이들이 나타나지 않는다. 자기의 인생을 바꾼 책으로 자기계발서를 꼽는 위인이나 명망 높은 인물이 한 명이라도 있는가?

그 이유가 있다. 자기계발서는 일회적인 효과나 주의 환기 정도는 가능할지 몰라도 한 사람의 인생에 영향을 미칠 만한 경험이 되지 못하기 때문이다. 자기계발서는 시장에서 파는 생선처럼 하나의 상품일 뿐이기 때문이다.

생산적인 활동이 인생을 변화시킨다

배가 고파서 생선을 사 먹는 사람이 있고, 힘들고 오래 걸려도 낚싯대로 직접 물고기를 잡는 사람이 있다고 치자. 전자는 더 쉽고 빠르게 배를 채울 수 있다. 그러나 그날 시장에 나온 생선의 종류가 선택지의 전부다. 그리고 먹고 배를 채운다는 의미 외에는 다른 의미를 찾을 수 없다. 하지만 후자는 매일 다른 생선을 먹을 수 있으며, 그날그날의 수확에서 기쁨과 성취감을 경험한다. 시장에서 생선을 사 먹는 것은 소비적인 활동이지만, 낚시라는 행위는 생산적인 활동이다. 그 과정 자체가 그에게는 인생이며, 공부가 된다.

어떤 날은 아주 많이 잡히기도 할 것이다. 그러면 시장에 내다 팔 수도 있다. 생선도 먹고 돈도 버는 것이다. 나중에 고깃배를 사게 될지도 모른다. 선장이 되어 큰 바다로 나갈 수도 있다. 누군가에게 내가 잡은 생선을 먹일 수도 있고, 누군가를 고용해서 그에게 새로운 인생을 선사할 수도 있다.

세상에는 온갖 종류의 책들이 산적해 있다. 어떤 책을 읽을 것인가의 선택은 우리 몫이다. 그 선택에 따라 나는 누군가가 잡아 올린 생선을 돈 주고 사 먹는 사람이 될 수도 있고, 내가 잡은 생선으로 많은 사람들을 먹이는 존재가 될 수도 있다.

베스트셀러
뒤집어 보기

사유의
여행을
방해하는 것들

서점에서 가장 넓은 공간을 차지하는 것 중 하나가 여행서 코너다. 언제부턴가 여행서가 심심찮게 베스트셀러에 오르고, 여행 작가가 유명인 대접을 받고, 잘나가던 직장인이나 아나운서가 어느 날 갑자기 사표를 던지고 여행 작가가 되겠다고 선포하는 일이 빈번해졌다. 대학생들이 가장 해보고 싶은 일 가운데 여행 작가는 항상 상위권을 차지하고 있다.

여행서는 독자들의 꿈을 먹고 산다

하루가 멀다 하고 쏟아지는 여행서의 범람은 우리의 현실이 얼마나 답답한지를 보여주는 자화상 같은 것이다. 우리가 어느 정도로 여행을 갈망하고 있는지 서점에 가보면 알 수 있다.

그 갈망은 외국여행에 대한 환상일 수도 있지만 넓게 보자면 인식의 전환을 꿈꾸고 있다는 뜻이다. 낯선 나라, 낯선 풍토, 낯선 인종, 낯선 언어와 접하고 싶다는 소망은 지금 이 모습의 나에게서 벗어나 낯설고 위험하고 도전적인 나를 만나고 싶다는 열망이다.

그런데 시중에 나와 있는 여행서를 읽다 보면 우리의 갈망이 이토록 천박했었나, 눈을 의심하게 된다. 여행지를 소개하거나 자신이 겪은 에피소드를 장황하게 늘어놓거나, 화려한 사진들로 글을 대신하는 등 마치 여행사에서 만든 카탈로그 상품소개 내지는 배낭여행자의 페이스북 수준에 머무르고 있기 때문이다.

여행 작가의 감상적 유희

국내의 유명 여행 작가가 쓴 책이 몇 년 전에 큰 물의를 일으킨 적이 있다. 그녀는 자신이 쓴 여행서가 베스트셀러에 오르면서 텔레비전 광고도 찍고, 국제보호단체의 일원으로 사회적 명성까지 쌓았다.

여대생들이 롤 모델로 삼고 싶은 유명인 1위에 오를 만큼 국내를 대표하는 여행 작가를 넘어 한국을 대표하는 여성 지도자라는 칭송을 받았다.

하지만 여행지의 반군 지도자와 목숨을 건 사랑을 나눴다는 현지 사정과 동떨어진 얘기로 물의를 빚더니, 중국의 어느 유명 호텔 앞에서 군고구마를 팔던 소녀에 관한 감동적인 에피소드를 읽고 직접 그 호텔을 찾아가본 독자에 의해 이곳에서는 상행위 자체가 불가능하더라는, 즉 겪지도 않은 가짜 에피소드를 소설처럼 끼워 넣은 게 아니냐는 의혹을 받으며 서서히 명성에 금이 가기 시작했다.

특히 40킬로그램짜리 배낭을 메고 도보로 이동하면서 이틀에 한 번꼴로 취침한다는 과장 섞인 자기 자랑과 5~6개 나라의 언어를 마스터했다는 자화자찬과 다르게 책에 나오는 현지 지명과 이름의 발음기호가 전혀 엉뚱하다는 데서 그녀를 사기꾼이라고까지 말하는 독자들이 늘어났다.

그래서인지 요즘은 방송이나 서점에서 그녀를 보기가 쉽지 않다. 말로는 해외봉사 중이라는데 아무런 해명 없이 외국으로 훌쩍 떠나버리는 게 과연 자기 책을 그토록 많이 사서 읽어준 독자들에 대한 예의인지 모르겠다. 독자들이 아니었다면 그녀가 수억 원에 달하는 인세를 받아 마음껏 돌아다닐 수는 없었기 때문이다.

비단 한 작가만의 문제는 아니다. 지금 서점에 나와 있는 많은 여행서들이 작가들의 감상적 유희 수준의 글들로 채워지고 있다. 거기에 사유의 깊이는 없다. 여행서라는 분야도 독자들의 꿈을 교묘히 이용하는 또 하나의 상품으로 전락해버린 것이다.

왜 여행서를 읽는가?

우리가 책에 원하는 것은 세상을 변화시켜줄 문이다. 여행 정보나 그 나라에서 경험한 단순한 감상이 궁금하다면 여행사에 가면 된다. 굳이 책을 살 필요가 없다.

허나 책을 통해 낯선 곳을 여행해보고 싶다면 왜 내 안에 그런 생각이 싹텄는지부터 고민해봐야 한다. 그 갈망은 개인적인 자랑으로 넘쳐나는 시중의 여행서들로는 채워지지 않을 것이다.

작가가 어느 곳을 여행했는지는 중요하지 않다. 내가 가고 싶었던 곳과 책 속의 여행지가 다르더라도 상관없다. 지금 나는 그곳을 여행한 작가의 시선으로 익숙하지 않은 환경과 접하고 싶은 것이다. 익숙하지 않은 곳에서 방황하고 있는 나와 소통하고 싶은 것이다.

발견이 없는 책은 죽은 책이다

후지와라 신야라는 일본 사진작가의 책을 번역한 적이 있다.

터키부터 한국에 이르는 전(全) 동양의 감춰진 내면에 작가는 카메라 렌즈뿐 아니라 자기의 영혼도 내던진다. 그리고 인간은 고깃덩어리에 불과하며 감정이 제일 중요하다고 아무렇지 않게 내뱉는다.

나는 이 책을 번역하면서 상당히 큰 충격을 받았다. 단순한 여행서라고 생각했는데, 번역해나갈수록 나도 모르는 사이에 낯선 것들과 대화하고 있는 나를 발견했다. 그리고 책에서 얻은 낯선 것들이야말로 내가 현실에 놓아둔 채 잊어버렸던 진짜 나였음을 깨달았다.

우리가 책에 바라는 것은 이런 것이다. 책은 생각을 낳아야 한다. 배를 타고, 기차를 타고 스페인과 중남미를 돌아보고 싶어서 여행서를 꺼내는 게 아니다. 낯선 풍경이 있는 곳에서 너무나 익숙해져 잊고 지냈던 나를 발견하고 싶은 것이다.

발견이 없는 책은 죽은 책이다. 우리는 지금 죽은 책들 속에 갇혀 있는지도 모른다.

서점에는
붕어빵만
있다

새 종이와 잉크 냄새를 맡고 싶어 서점을 찾곤 했다. 어렸을 때 얘기다. 돈은 없고 시간은 남아돌아 서점에 갔다. 학창시절 얘기다.

서점에 대한 추억이 참 많다. 가끔 추억이 그리워 서점을 찾는다. 그러나 요즘 서점은 시시한 베스트셀러들이 산더미처럼 쌓여 있는 하역장이 되었다.

베스트셀러를 바라보는 두 가지 시선

서점마다 예외 없이 정해진 베스트셀러가 진열되어 있다. 마치 버스 정류장 옆 포장마차에서 붕어빵만 파는 것 같다.

출판계에 종사하는 사람들의 베스트셀러에 대한 시각은 두 가지로 나뉜다. 첫째는 베스트셀러를 읽는 사람들에 대한 무시다. 평소에는 책을 거들떠보지도 않으면서 어떤 책이 베스트셀러가 되어 사회적으로 알려지면 유행에 뒤처질까 두려운 마음에 일단 그 책은 구입하고 본다는 것이다.

무례한 이야기다. 독자도 기본적으로는 소비자인데 요즘 같은 세상에서 소비자를 깔보는 장사란 성공할 수 없다.

두 번째 시선은 일반 서적, 특히 인문학으로 대표되는 어려운 책이 팔리지 않아 출판 시장이 고사 직전에 놓인 때에 그나마 몇 십만 부씩 팔려주는 베스트셀러가 있기에 서점과 출판사와 작가들이 살아남는다는 주장이다.

독자들의 편식

사실을 말하자면 책은 우리가 생각하는 것 이상으로 마이너리그다. 책을 읽는 사람은 사회에서 극소수다. 책의 발행부수는 많아봐야 초판이 2천 부다. 엄청난 소량생산이다.

1만 부만 팔려도 베스트셀러가 된다. 10만 부면 홈런이고, 100만 부면 출판사는 사옥을 짓는다.

우리나라는 독자층이 매우 얇아서 책을 읽는 사람이 또 책을 읽는다. 책을 한 번이라도 사 본 사람이 또 산다는 얘기다. 그런데 이들의 구매 성향은 지나치게 편식이다. 경영서를 읽는 사람은 경영서만 읽고, 소설을 읽는 사람은 소설만 읽는다. 자기계발서를 좋아하는 사람은 자기계발서만 읽는다. 그리고 팔리는 책의 대부분은 이러한 분야이다.

따라서 베스트셀러는 이런 편식형 독자에 초점을 맞춰 기획된다. 그들이 좋아할 만한 내용만 골라 담는다는 것이다. 쉽게 말해 책을 살 사람들이 듣고 싶어하는 말만 해준다.

독자들은 익숙한 것만 읽으려 한다

붕어빵 속에는 왜 팥만 들어갈까? 간 고기나 당면은 왜 안 될까?

딱히 안 될 이유가 없다. 누가 금지시켜놓은 것도 아니다. 단지 우리가 그 맛을 받아들이지 못해서다. 붕어빵이라는 단어에서 떠올리는 생김새와 맛이 우리 머릿속에 각인되어 있기 때문이다. 그래서 색다른 붕어빵은 받아들이지 못한다. 매운 붕어빵, 차가운 붕어빵, 만두 붕어빵은 말도 안 된다며 거들떠도 안 본다. 그걸 사 먹는다는 건 바보 같은 짓이 된다.

베스트셀러를 대하는 우리의 태도가 그렇다. 붕어빵에 대한 편향된 시각처럼 베스트셀러에 대한 편향된 시각이 존재한다.

색다른 붕어빵 맛에 기겁을 하듯 평소 읽던 책과 다른 수준, 다른 시각, 다른 화제의 책에는 기겁을 하는 것이다.

우리의 각성이 필요할 때

베스트셀러를 읽는 사람들은 기본적으로 책을 좋아하는 사람들이다. 베스트셀러가 존재한다는 것은 책 좋아하는 사람들이 그래도 많다는 증거다.

그런데 왜 베스트셀러에 대한 부정적인 인식이 남아 있는 것일까? 도전하지 않고 안주하려는 사람들이 많아서다. 읽던 책만 읽으려는 독자들이 많기 때문이다. 비난받을 일은 아니지만 각성해야 될 과제이기는 하다.

10퍼센트의
독자가
베스트셀러를 만든다

 한국의 독서 인구는 얼마나 될까?

18세 이상 남녀를 대상으로 여론조사를 해본 결과, 책을 읽는 다고 대답한 사람은 전체의 59퍼센트였다.

이들 중 한 달에 책을 두 권 이상을 읽는다고 대답한 이들은 고작 14퍼센트에 불과했다. 한 달에 한 권 정도 읽는다고 대답한 이들이 23퍼센트, 한 권이 안 된다고 대답한 사람이 38퍼센트로 가장 많은 수를 차지했다.

어떤 책을 읽느냐는 질문에는 연예오락 · 스포츠가 1위였다. 그다음 순위는 건강 · 의료가, 3위는 자기계발서를 비롯한 경제 경영서가, 4위는 육아 · 교육이 차지했다. 대체로 실용서 위주다.

이 여론조사는 현재 대한민국 성인의 독서 성향을 짐작하게끔 한다.

우리나라의 독서 실태

그렇다면 하루에 책을 읽는 시간은 얼마나 될까?

평균 9분이었다. 그나마 한 달에 책을 한 권 이상 본다는 진짜 독서인들은 하루에 평균 1시간 17분 책을 읽었다.

이들은 전체 인구의 12퍼센트에 불과하다. 따라서 대한민국 인구 중 어디 가서 나는 취미가 독서다, 라고 당당히 말할 수 있는 사람은 10퍼센트 남짓이며, 이들의 독서 형태가 베스트셀러의 종목을 결정짓는 기준이 되는 것이다.

1위가 연예오락 · 스포츠, 2위가 건강 · 의료, 3위가 자기계발 및 경제경영이라는 시장평가가 확인된 상황에서 출판도 산업인 만큼 저자와 출판사는 소비자의 성향을 따라가는 것이 당연하다.

출판사는 10퍼센트를 위해 책을 만든다

베스트셀러는 10퍼센트의 책 읽는 사람들을 위해 생겨났다. 베스트셀러가 시시한 책이라고 비난하기 전에 우리 사회의 책 읽는 소수의 사람들부터 이해해줘야 한다. 좋은 책이 안 팔린다고 비난하기는 쉽지만, 그 이전에 책 읽는 사람의 숫자와 책이라는 매체가 사회에서 차지하는 비중부터 따져봐야 한다.

책은 현대사회에서 누가 뭐래도 마이너리그다. 취미활동의 대표팀에서 탈락한 지 오래다. 어쨌든 책을 읽어주는 10퍼센트 덕분에 책 시장이 유지되고 있을 뿐이다.

출판사의 입장에서 그들은 더 이상 단순한 소비자가 아니다. 책의 수명을 연장시켜주는 은인이다. 책을 읽어주는 10퍼센트의 은인이 출판계를 지탱해주고 있는 것이다.

베스트셀러를 찾는 독자들의 특징

베스트셀러를 찾는 독자들의 뚜렷한 특징은 두 가지로 생각해볼 수 있다.

첫째는 책을 문화 상품으로 인식한다는 것이다. 그들이 이 상품에 원하는 감동에는, 좋은 책을 읽고 싶다는 욕심과 함께 새로 나온 책을 남보다 빨리 선점했다는 쾌감도 포함된다.

그래서 신간 코너를 무척 좋아한다. 또 잘 팔리는 책에 대한 궁금증도 대단하다. 신간과 판매량이 책을 고르는 두 가지 원칙이다. 입소문도 좋아해서 때로는 본문보다 서평과 독자평에서 더 큰 울림을 받기도 한다.

두 번째 특징은 순응적이라는 점이다. 책의 질과 내용을 따져

보지 않는다. 선생님 말을 잘 듣는 모범생처럼 책이 시키는 대로 한다. 웃으라면 웃고, 하루에 한 끼만 먹으라고 하면 한 끼만 먹고, 메모하라고 하면 메모하고, 감동하라고 하면 감동하고, 멈추라고 하면 시도 때도 없이 브레이크를 밟는다.

빠르게 읽고 덮을 수 있는 책을 원하나요?

책을 좋아하는 10퍼센트의 선택받은 사람들이지만 아쉽게도 선택받은 생활자는 되지 못하고 있다.

그들은 아무 데서나 손쉽게, 빠르게 읽고 덮을 수 있는 책을 원한다. 남은 생애 동안 나를 따라다니며 삶의 곳곳에 여운을 남기는 작품을 찾아 읽지 않는다. 마지막 책장을 덮었을 때 책 한 권을 또 읽었다는 뿌듯함과 친구나 직장동료와의 대화에서 간간이 써먹을 수 있는 문장 몇 개가 머릿속에 남은 것으로 만족한다. 그들에게 독서는 취미일 뿐이다. 그 이상이 되어서도 안 되고, 그 이하가 되어서는 더욱 곤란하다.

그들이 베스트셀러를 만들고 있다. 출판사는 당연히 그들의 입맛에 맞는 책만 찍어낸다. 그것이 비슷비슷한 책들이 넘쳐나는 근본적인 이유다.

책은
과연
멸종위기인가?

책의 시대는 끝났다고 말한다. 내가 하는 얘기가 아니다. 책은 지난 100년 동안 영화와 라디오, 텔레비전과 인터넷, 스마트폰에 차례로 자리를 양보해왔다.

인터넷 포털사이트에는 실시간으로 검색어 1위가 등장하고, 하루 이틀 사이에 사건사고들이 터진다. SNS는 시간별로 이슈를 알려준다. 혼자 하루 종일 방 안에 콕 박혀 뒹굴어도 세간의 관심거리가 무엇인지 모두와 공유할 수 있다.

그럴수록 책은 생존을 위협받는다.

매체로서의 기능을 상실한 책

책이 세상을 지배하던 시절에 태어난 나에게 인터넷은 별천지다. 낯설고 어렵다. 나는 여전히 도서관에 다니고 내 방 서재에 꽂혀 있는 책들로부터 지식을 구한다.

나는 어차피 여든이 넘은 늙은 글쟁이이므로 이렇게 살아도 문제될 것이 없겠지만, 인류의 모든 정보와 지식이 디지털 언어로 재생산되어 눈에 보이지 않는 인터넷 서버에 떠돌고 있는 현대사회에서 책은 사망선고를 받은 지 오래다.

1년에 100만 부 넘게 팔리는 베스트셀러가 존재하고, 화제의 책이 이슈가 되고, 소설이 영화가 되고 드라마가 되는 것과는 별개로 책은 이미 매체로서의 기능을 상실했다. 더 이상 문화의 중심은 책이 아니다.

김연아가 뮤지컬 〈레 미제라블〉에 나오는 곡으로 금메달을 따고, 그에 힘입어 뮤지컬 〈레 미제라블〉이 인기를 끌고, 덕분에 빅토르 위고의 《레 미제라블》이 프랑스 혁명기의 소설이었음이 밝혀지는 구조가 되었다. 《레 미제라블》 초판이 인쇄된 19세기에는 상상도 못할 일이었다.

책은 운명을 다한 것일까?

현재 우리의 인생과 생각에 책보다 더 큰 영향을 미치는 것들을 꼽아보라면 드라마, 뉴스, 영화, 버라이어티 프로그램, 음악,

게임, 인터넷 등일 것이다. 잡지나 신문도 책과 함께 사양길에 접어들었으나 책보다는 좀 더 오래 살아남을 것이다. 잡지와 신문은 그나마 광고를 실을 수 있으므로 상품을 선전해야 하는 대기업의 비호 아래 책보다는 조금 더 길게 우리 곁에 머무를 것으로 보인다.

유명 소설가의 낭독회나 사인회에 가보면 책의 운명을 실감할 수 있다. 아이돌 연예인을 한 번 보겠다고 명동 일대가 마비되는 그 시간에 서점 귀퉁이의 작가 사인회에는 몇 사람 모여 있지도 않다.

요즘은 대중교통 안에서 책을 보는 것만으로도 구경거리가 된다. 대부분 귀에 이어폰을 끼고 있거나 스마트폰으로 게임을 하거나 인터넷을 검색하고 있다. 애도, 어른도, 노인들도 그러고 있다.

아이 키우는 집이 아니라면 집에 책장이 있는 경우도 드물다. 홈쇼핑에서 간장게장은 수시로 팔아도 책은 거의 팔지 않는다. 그나마 팔아도 아동용 전집이다.

책공장 대한민국, 그러나 읽을 책이 없는 현실

책을 살 수 있는 방법은 예전보다 훨씬 다양해졌다. 인터넷 서점뿐 아니라 인터넷쇼핑몰에서도 책을 주문할 수 있다. 아마존을 통해 외국 원서를 들여오는 것도 쉬워졌다. 내가 자주 가는 명동의 일서 전문서점에는 젊은 사람들로 늘 북적인다. 일본이나 미국의 패션잡지를 주문하기 위해서다.

책의 시대는 끝났다고 말하지만 하루에 새롭게 출간되는 책은 약 백 권이다. 1년에 새 책만 3만 7천 권이 쏟아진다. 국내의 출판사 숫자는 무려 3만 곳이 넘는다. 이들이 1년에 발행하는 신간 부수가 1억 2천만 권이다. 신간 부수만 그렇다. 재판, 삼판까지 더해지면 우리나라 전체 국민의 몇 배에 달한다.

한국인은 1년에 평균 열 권 미만의 책을 읽는다. 한 달에 한 권도 읽지 않는다고 대답한 사람이 전체의 과반수를 넘었다. 그런데 한 해에 쏟아지는 새 책의 양은 전체 국민의 세 배에 이른다. 그야말로 대한민국은 책 공장이다. 책의 비만이다.

그런데도 책의 시대가 끝났다고 비관한다. 책을 읽지 않는다고 아우성이다. 또 한편으로는 읽을 만한 책이 없다고 외면해버린다. 그 이유가 무엇일까?

살아남기 위해 돈 되는 책을 만든다?

동대문 헌책방 거리는 사라진 지 오래고, 새 책의 70퍼센트는 주인을 만나지 못한 채 펄프로 재생산되기 위해 갈기갈기 찢겨지는 운명이다.

동네 서점이나 대형마트 서적 코너에는 중·고등학생 문제집만 우글거린다. 책이 넘쳐나지만 책 냄새가 맡아지지 않는 것이다. 이런 건 진정한 의미의 책이 아니기 때문이다.

출판업계 종사자들 사이에 흔히 하는 충고가 있다. 출판사 문 닫지 않으려면 좋은 책에 대한 욕심을 버리라는 것이다. 좋은 책을 만들려고 하다가는 책이 팔리지 않아 아예 출판의 꿈을 접게 되니 적당히 현실과 타협하여 독자들의 입맛에 맞는 책을 만들라고 한다.

자고 일어나면 문을 닫는 출판사가 해마다 늘어나고 있다. 독서 인구가 적은 우리나라에서 그나마 살아남는 출판사는 실용서나 학습서를 내는 곳이다. 책다운 책을 내고 싶다고 고집하는 출판사라 해도 자기계발서 몇 권쯤은 섞어 내야 출판사가 살아남는다.

작가들에게 요구되는 것도 마찬가지다. 출판사는 작가들에게 쉬운 글을 써달라고 요청한다. 가벼운 연애 소설을 써달라고 한다. 아니면 눈물샘을 자극하는 감상적인 가족 이야기 같은 것을 원한다. 인생을 깊이 있게 탐구하려는 작가는 독자의 외면을 받기 때문이다.

닭이 먼저인가, 달걀이 먼저인가?

서점은 사람들이 많이 찾는 책을 가장 좋은 자리에 배치하게 마련이다. 독자의 반응이 시원치 않으면 아무리 좋은 책이라 하더라도 금방 구석 자리로 밀려난다. 그리고 그 자리는 사람들이 자주 찾는 자기계발서, 실용서, 가벼운 소설들이 차지하게 된다.

출판사와 서점은 독자들이 좋아하는 책을 내놓았다고 말하는데, 책을 찾는 독자들은 읽을 만한 책이 없다고 말한다. 이건 도대체 어떻게 된 일인가? 출판 관계자들이 직업윤리를 던져버린 것일까, 독자들의 선택이 잘못된 것일까?

닭이 먼저냐, 달걀이 먼저냐의 논쟁은 해봤자 결론이 나지 않는다. 그보다는 우리 사회의 변화를 직시하고 더 좋은 방향을 향해 나아가는 노력이 필요할 것이다.

만약 책의 종말이 오든 말든 문제될 것이 없다면 그것으로 된 일이다. 사람에게 필요 없는 것은 그대로 역사의 유물로 남아도 상관없다. 과연 책이 우리에게 필요한 것인지 그것부터 진지하게 고민해봐야 할 것이다.

'안티 북(Anti-book)'의 시대

현대의 불치병은 뭘까? 많은 분들이 에이즈를 떠올리겠지만 매직 존슨이라는 미국의 전설적인 농구 선수가 최근에 에이즈 완치 판정을 받았다고 하니 인류는 머잖아 에이즈를 정복하게 될 것이다.

수많은 의사들, 의학 전문기자들의 말에 따르면 21세기 이후 인류를 위협할 흑사병은 '비만'이라고 한다. 실제로 미국은 사망자의 30퍼센트가 비만, 혹은 비만이 원인으로 작용한 2차 질병에 의해 목숨을 잃었다는 통계가 있다.

현대의 불치병

비만은 신진대사에 문제가 생겼다는 뜻이다. 생물학에서 말하는 신진대사(Metabolism)란 생물체가 생존과 성장을 위해 기본적으로 필요로 하는 영양분 섭취 및 섭취한 영양분이 몸 안에서 새로운 물질로 전환되는 것, 그리고 이렇게 전환된 물질이 에너지로 생산되는 일련의 화학적 과정이다. 그래서 생물체의 건강 상태를 가늠하는 기준으로 신진대사를 고려하기도 한다.

비만은 신진대사 장애이다. 물만 먹어도 살이 찐다고 호소하는 사람들이 있다. 농담이겠거니 흘려들었는데 그게 아니다. 정말 물만 먹어도 살이 찐다.

다이어트 한두 번 해보지 않은 사람은 없을 것이다. 다이어트를 자주 하다 보면 우리 몸은 대사처리에 어려움을 느끼게 된다. 음식을 섭취하는 주기와 양이 수시로 변하기 때문이다.

며칠씩 굶기도 하고, 때로는 한꺼번에 엄청난 양이 몸 안으로 들어온다. 이런 일이 반복되다 보면 바깥 상황을 볼 수 없는 우리 몸은 외부 상황이 전쟁이나 재난 같은 위기 상황인 것으로 착각한다. 다시 말해 언제 밥을 먹게 될지 기약이 없는 위험한 처지에 놓여 있는 것으로 여기고, 뭐라도 입에 들어왔을 때 소화시켜 에너지를 생산하기보다는 일단 몸에 축적시키려는 생존본능을 발동시킨다. 여기서 요요현상이 일어난다. 다이어트 성공 후 물만 먹어도 살이 찌는 체질로 바뀌는 이유다.

다이어트 성공 후 얼마 먹지 않아도 살이 찌는 까닭은 불규칙한 식생활로 인해 현재 상황을 위기로 인식하게 된 우리 몸이 밥 한 숟가락만 먹어도 지방으로 변환시켜 보관하기 때문이다. 이것이 소위 말하는 신진대사 증후군이다.

그래서 신진대사 증후군을 앓게 된 비만 환자는 운동을 아무리 많이 해도 살이 빠지지 않는다. 운동을 하면 땀이 나지만 지방이 태워져서 흐르는 땀이 아니다. 우리 몸은 비상식량인 지방은 그대로 놔둔 채 뼈와 근육, 장기에 축적된 필수영양소를 태워 운동에너지로 소비한다. 치킨 한 마리를 먹어도 정상인은 이틀이면 몸에서 열량이 빠져나가지만 신진대사에 문제가 생긴 비만 환자는 몇 년이 지나도 체내에 치킨의 콜레스테롤과 중성지방이 남아 있다.

비만과 베스트셀러의 유사점

책이 안 팔리는 시대임에도 책이 넘쳐나는 시대가 된 오늘날의 독서 시장도 신진대사 증후군을 앓고 있다. 호주의 미디어 전문가인 셔먼 영(Sherman Young)은 이를 두고 '안티 북'이라고 명명했다. 책의 문화적 가치, 진정성 등이 훼손된 시대임에도 셀 수 없이 많은 책들이 양산되고 있다는 데서 따온 말이다.

음식을 먹고 건강해지는 게 아니라 뚱뚱해지고 병에 걸려 일찍 사망하게 되는 것처럼 현대사회는 책을 가까이 하고 많이 읽을수록 바보가 되거나 외통수가 되어 분별력을 잃는 자기왜소화 증상을 겪게 될 수 있다. 왜냐하면 책이 현재와 같은 종이에 인쇄된 형태로 처음 등장한 500년 전과 많이 달라졌기 때문이다.

책의 가치가 퇴색한 시대

가장 크게 달라진 점은 사상을 탐구하지 않는다는 것이다. 인간과 인간 사이의 대화를 촉진시키지도 못하고 있다. 이른바 '문화'라는 기준에 부합되지 못하는 수준 미달의 것들이 '책'이라는 숭고한 이름을 달고 유사품처럼 쏟아지고 있다는 점이 현대인의 불치병인 비만과 너무 많이 닮았다.

그저 이름만 책일 뿐 진짜 책은 아니다. 하지만 책을 만들어 파는 사업은 성황을 이루고 있다. 책이 넘쳐나는 세상임에도 우리에게 가장 필요한 책들은 보이지 않는다.

사람답게 살라고 말해주는 책 특유의 가치는 어디론가 사라지고 인기만을 쫓는 대중 영합적인, 또는 연예 뉴스 같은 대중매체를 흉내 내기에 바쁜 책들만 넘쳐나고 있다.

책이 책을 죽인 셈이다.

진짜 책은
희귀종을
찾기보다 어렵다

우리 집에서 자동차로 5분 거리에는 대형마트가 무려 세 개나 있다. 백화점도 한 군데 있다. 여기에 있는 책들을 살펴보면 운동선수나 연예인, 정치인 등 어쨌든 한 번 얼굴과 이름을 알린 유명인들의 책은 빠짐없이 진열되어 있다.

펼쳐놓고 읽어본다. 글투가 비슷하다. 텔레비전에 나와서 말하는 걸 보면 말투가 제각각인데 글은 어째 비슷비슷하다. 정말 자기가 직접 썼는지 의심이 간다.

복제품만 가득한 서점

이어서 잘나가는 셰프들이 쓴 요리책, 일상의 신변잡기를 기록한 책이 한 가득이다. 책을 사면 부록을 주겠다는 광고문구가 제목보다 더 크게, 잘 보이게 활자화되어 있다. 인기를 끌고 있는 드라마나 영화를 소설화한 책들도 단연 인기다.

각종 자기계발서는 얼마 안 되는 마트의 서적 코너에서도 한 자리를 차지하고 있다. 친하지 않은 누군가에게 억지로 선물을 해야 할 때 기분 좋게 건넬 수 있을 것 같은 재테크 비법은 보기만 해도 질끈 눈을 감아버리고 싶다.

여기까지 둘러보고 나면 사실 볼 만한 책이 없다. 사고 싶은 책은 더더욱 없다.

책으로 장사하는 기업들

얼마 전부터 엄청난 자본금을 갖춘 대형 출판사들이 시장을 선도하게 되었다. 현재 우리나라에서 제일 잘나가는 출판사도 모 대기업의 자회사가 자본을 출자했다.

그들에게 책은 돈 되는 상품에 불과하다. 그들이 만들어 파는 텔레비전, 라면, 자동차와 다를 게 없다. 자본가들의 변덕스러운 상품에 지나지 않는 것이다.

속칭 '치고 빠지기'라고 해서 어떤 책이 조금 팔린다 싶으면 그와 비슷한 책들을 마구 찍어낸다. 돈이 있기에 가능한 일이다. 그러다가 사람들이 질려버리면 언제 그랬냐는 듯이 폐기처분한다. 모든 게 돈의 논리에 따라 일사천리로 진행된다.

자본을 갖춘 출판사에게 책은 돈을 끌어 모으는 제품이다. 그들이 사재기를 해서라도 베스트셀러로 만들려는 까닭은 광고효과를 기대해서다.

한때 책이 지니고 있었던 공익과 양심, 지성 등은 더 이상 기대할 수 없는 가치다. 투자한 만큼 거둬들여야만 되는 장사의 제단 위에 책이 드러눕게 되었다.

책의 가치는 돈?

이유를 막론하고 이제 책은 수지타산이 맞아야 존재할 수 있다. 그것도 아주 단기간에 수익이 나야 한다. 며칠 만에 베스트셀러에 이름을 올려야 한다. 그렇지 않으면 새 책이 나온 지 일주일도 안 돼 서점 직원들도 찾지 못하는 어느 구석진 책장 밑에 감춰져 생을 마감하게 된다.

우리가 '책' 하면 떠올렸던 독서의 가치는 책을 만드는 사람들 속에서 아주 오래전에 사라졌다.

자본의 논리에 잠식된 출판계

그들은 독자를 생각해주지 않는다. 아니, 독자를 생각하기는 한다. 이런 제목을 붙이면 사람들이 카드로 결제해줄까? 요새 그 사람이 잘나가던데 젊은 사람들이 관심을 보일 만한 주제로 대충 써 오라고 해서 깔끔하게 손을 대면 팔리지 않을까? 이런 생각을 한다.

책 만드는 사람들 마음속에 공익적인 가책이라든가, 개인의 일생을 변화시킬지도 모른다는 두려움 따위는 존재하지 않는 듯하다. 그것은 과거에 잠시 유행을 탄 몽상일 뿐이다.

책이 세상에 나오려면 돈이 들고, 따라서 돈을 투자하는 누군가가 반드시 있어야 한다. 책을 만드는 과정과 책을 판매하는 과정에서도 많은 돈이 들어간다. 그렇게 돈이 우리가 정신과 마음을 위해 읽었던 책의 본질이 되었다.

준비되지 않은
작가들을
피하라

책이 세상에 나오기까지는 적잖은 돈이 들어가지만, 원고를 쓰는 데는 돈이 들지 않는다. 적은 비용으로도 얼마든지 글은 써진다. 글은 출판사가 아니라 저자 개인이 쓰는 것이기 때문이다. 저자의 개인 시간과 맞바꾸는 것이 원고다.

즉 책을 만드는 데 필요한 600매가 넘는 원고는 전적으로 한 개인의 시간투자에 의해 만들어지고 있다. 원고가 만들어지기까지 들어가는 돈은 거의 없다.

글 쓰는 데는 돈이 들지 않아

요즘은 다들 컴퓨터 워드프로세서로 작업을 한다. 집집마다 컴퓨터 없는 집은 없을 것이다. 따라서 컴퓨터를 켜놓은 데 따른

약간의 전기요금과 워드프로세서로 작업한 원고를 눈으로 확인하기 위한 A4용지 70매 정도를 구입할 수 있는 돈만 있으면 된다. 그나마도 프린터로 출력해서 확인하는 게 번거롭다면 굳이 안 해도 된다.

한 가지 더하자면 출판사에 완성된 원고를 전달하는 데 인터넷을 이용해야 하니 인터넷 요금이 더해지겠다. 다 합쳐봐야 3만 원 안팎이다.

물론 발품을 팔아 현지조사를 하고 사람들을 인터뷰하고, 전문서적을 구입해서 자료를 확보하는 것 등을 집필에 포함시킨다면 책을 쓰는 데 들어가는 비용은 천차만별일 수 있지만 말이다.

베스트셀러 한 방의 유혹

하지만 우리 주위에 널린 책들 대부분은 집필 비용이 앞서 말한 바와 같이 3만 원 안팎이다. 책의 시대가 끝났음에도 책을 쓰려는 사람들이 지속적으로 늘어나고 있는 한 가지 이유다. 투자 대비 기대비용에서 책은 그 어떤 문화 콘텐츠와도 비교가 안 된다. 한 예로《해리 포터》시리즈의 작가 조앤 롤링은 허름한 커피숍에서 구형 노트북으로《해리 포터》의 첫 문장을 썼다. 네 살배기 딸을 키우는 미혼모였던 그녀는 책이 발간되기 1년 전부터 정부보조금과 아르바이트로 어렵게 생활하고 있었다. 그러다가 우연히 쓴 《해리 포터》가 세계적으로 1억 부 넘게 팔리면서 각종 로열티를 합쳐 1조 원 가까운 돈을 벌었다.

한국에서 가장 비싼 그림은 고 박수근 화백의 〈빨래터〉로 45억 원 정도다. 화가가 되어 45억짜리 그림을 그려서 팔 수 있는 사람은 한국 근대 미술 역사상 박수근 화백 한 사람뿐이었다. 그나마도 그가 죽었기에 그림 값이 올랐다.

세계적인 소프라노 가수 조수미만큼 노래를 잘 부르기 위해서는 선천적으로 타고나야 됨은 물론이고 어려서부터 영재교육을 받아야 한다. 박지성이나 추신수 같은 운동선수가 되어 수십억의 연봉을 탄다는 것은 아무나 꿀 수 있는 꿈이 아니다. 꿈은 고사하고 우리 일생에 그와 비슷한 기회조차 주어지지 않는 경우가 허다하다.

중년의 강력계 형사가 베스트셀러 작가로

《아버지》라는 소설을 기억하고 있을 것이다. 김정현이라는 분이 저자인데 200만 부가 판매되었다. 대략 따져봐도 인세가 20억이 넘는다.

김정현 씨는 원래 강력계 형사였다. 13년 넘게 형사로 일하면서 시간 날 때마다 어렸을 적 꿈이었던 소설을 습작했고, 두 번째 소설 《아버지》가 2년 넘게 베스트셀러로 군림하고 영화로도 제작되었다. 중년의 강력계 형사가 세계적인 테너가 될 수 있을까? 상식적으로 불가능하다. 중년의 강력계 형사가 잉글랜드 프리미어리그에서 축구 선수로 뛸 수 있을까? 말도 안 되는 소리다. 그러나 책의 세계에서는 평생 일정한 직업 없이 떠돌던 부랑자가 《백경》의 작가가 될 수 있고, 학교 근처에도 못 가본 일본의 90세 할머니가 펴낸 시집이 150만 부가 팔릴 수 있고, 중년의 강력계 형사가 베스트셀러 소설가가 될 수 있으며, 받아주는 직장이 없어 실업급여로 하루하루 버티던 영국의 미혼모가 《해리포터》를 쓸 수 있다.

그러나 많은 이들은 일회용 작가로 전락한다

이것은 기회인 동시에 독이다. 많은 사람들이 나도 조앤 롤링이 될 수 있다는 희망을 품고 시간이 허락할 때마다 글을 쓰려고 한다. 어쩌면 그들 중 몇몇은 조앤 롤링보다 더 유명한 작가가 될지도 모른다. 허나 이들 중 상당수는 출판사의 일회용 작가로 전락할 것이다.

책은 오랫동안 충분한 시간을 두고 완성되어야 한다. 책은 단순한 상품이 아니기 때문이다. 음악을 비하하는 것은 아니지만 가요는 길어봐야 5분이다. 5분 만에 읽을 수 있는 책은 없다. 모차르트 같은 천재는 30분 만에 교향곡 하나를 완성했다고 하지만 30분 만에 책 한 권을 써내는 작가는 세상에 없다. 책은 일종의 공예품 같은 것이기 때문이다.

'많이 찍어내면 그중에 베스트셀러도 나오겠지' 라고 생각하는 출판사

작가의 노력 없이는 제대로 된 책이 태어나지 못한다. 그래서 과거에는 저자를 지원하고 양성하는 것을 당연시했다. 가치 있는 책이 세상에 나오려면 그만한 기다림과 수고가 뒤따르는 것이라 여겼다. 그러나 지금은 아니다. 현재 출판계를 움직이는 철학은 '박리다매' 다. 좋은 책 한 권을 만 부 팔겠다는 각오 대신, 그저 그런 책 만 권을 만들어서 한 권씩 팔아치우겠다는 계산이다. 그렇다 보니 저자에게 충분한 시간이 주어지지 않는다.

또 한 사람에게 만 권을 써 오라고 할 수 없으니 준비되지 않은 사람들에게까지 책을 쓸 수 있는 기회가 마구 돌아간다. 검증되지 않은 사람들의 책이 다수를 차지하는 마당에 책의 품질을 기대하는 독자들은 배신당할 수밖에 없는 구조인 것이다.

책의
가치를
잃다

요즘의 책을 보고 있노라면 텔레비전을 흉내 내는 재미에 푹 빠진 다섯 살 유치원생 같다는 생각이 든다. 최신 유행을 모니터링하면서 그때그때 소비자의 패턴을 따라 옷을 갈아입고 했던 말을 수시로 바꾼다. 그럴수록 책이 아닌 상품만 늘어나는 꼴이 되고 있다.

책은 우리의 자화상

선거철, 방학기간, 여름휴가, 겨울 크리스마스, 입학과 졸업 시즌, 공무원 채용시험이 있는 달에는 특정한 책들이 판을 친다. 너도나도 이때쯤 팔릴 것이다, 라고 예상한 기획물들을 마구 쏟아내는 것이다.

다른 매체의 성공에 편승해 밥숟가락만 얹어놓으려는 시도도 흔해졌다. 인기리에 종영된 드라마가 소설로 나오고, 천만 관객을 끌어 모은 영화의 뒷얘기가 작가 이름도 없이 서점의 가장 좋은 자리에 진열되고, 여성들에게 인기 있는 케이블채널의 패션 프로그램 진행자들이 5분이면 자기들처럼 예뻐질 수 있다며 거짓말을 하는 책들이 버젓이 매대에 올라가 있다.

유명인 치고 책 한 권 쓰지 않은 사람이 없을 정도다. 특이한 일반인을 소개하는 예능 프로그램에 잠깐 얼굴을 비친 이들마저 당당하게 책 속에서 자기 얘기를 쏟아낸다. 책이란 원래 남과 다르게, 세상 물정에 치우치지 않고 자기 길을 걸어가려는 자들에게 용기와 믿음을 주는 것이 본질일 텐데 부동산투기나 증권, 경매, 로또복권으로 단박에 떼돈을 버는 비법들이 책이라는 타이틀을 걸고 서점의 주인공처럼 유세를 떨고 있는 모양도 민망하다.

겉은 화려해지고 속은 텅 비어 있다

이런 책들의 내용이 부실한 것은 태생적인 한계일 것이다. 소제목은 늘어나고, 단락은 짧아지고, 표지는 화려해지고, 그에 비례에 생각은 얄팍해졌다. 이제 책을 읽고 나를 돌아본다는 것은 사치가 되었다. 더불어 책의 수명까지 짧아졌다. 뜨지 못하면 한

두 달 사이에 시장에서 퇴출이다.

지금의 책들은 상품으로서 팔릴 수 있는가가 절대적인 기준이 된다. 팔릴 만한 내용이면 책이 된다. 팔릴 만한 내용이 아니라면 책이 되지 못한다. 출판사는 책을 더 많이 팔려고 제목과 표지와 서평과 광고와 네티즌 리뷰와 별점에 온 신경을 곤두세운다. 정작 이 책을 읽고 독자는 무엇을 생각할 것인가, 독자의 삶이 어떻게 변할 것인가에 대한 질문은 없다.

출판사는 책들이 쌓여 있는 매대 앞을 지나가는 우리의 시선을 붙잡는 데만 골몰하고 있다. 우리가 1, 2초 사이에 그 책에 관한 거의 모든 정보를 확인할 수 있게끔 하기 위해 책의 겉모습을 화려하게 꾸며놓는다.

돈의 볼모로 잡힌 책

이를 두고 무조건 비난할 수는 없다. 책이 팔리지 않으면 책을 만드는 출판사가 존재할 수 없고, 출판사가 존재하지 못하게 되면 책이 사라지는 것은 당연한 수순이기 때문이다.

하지만 언제부턴가 그 도가 지나쳐 출판사의 생존이라는 지상과제에 책이 담보로 붙들린 형국이 되었다. 출판사가 살아남기 위해 책이 희생당하는 게 당연시되었다.

독자도 마찬가지다. 먹고 사는 데 도움이 되지 않는 책은 읽지 않는다. 아이의 학습에 도움이 되지 않는 책은 사주지 않는다. 수입이 줄고 살기 힘들어졌기 때문이라고 변명하고 싶을 것이다. 그러나 명품 백, 외제 차를 사는 사람은 늘었다. 운동 인구와 해외여행 인구는 더 많아졌다.

우리는 스스로 가치를 버렸다

한때 책의 가장 큰 역할은 정보와 지식의 제공이었다. 지금 그렇게 생각하는 사람은 거의 없을 것이다. 인터넷과 텔레비전을 통해 실시간으로 새로운 지식과 세상의 추이를 확인하는 시대가 되었기 때문이다.

하지만 책이 정보 전달의 목적만 가진 것은 아니다. 책이 우리 삶에서 더 이상 중요한 수단이 되지 못하는 까닭은 텔레비전이 등장하고, 인터넷이 만들어지고, 전 국민의 손에 스마트폰이 들려 있어서가 아니다. 책의 가치보다 출판사의 존립이, 편집자의 월급이, 저자의 인세가, 독자의 주머니가 먼저 보장되어야 한다는 우리 모두의 질 낮아진 의식 때문이다.

그렇게 책은 우리 곁을 떠났고, 아마도 시간이 지날수록 그 빈자리는 우리 삶에서 더욱 크게 느껴질 것이다.

독서의 함정에서
벗어나자

'읽다'라는 동사에
머물러서는
안 된다

우리는 책을 읽는다. 그래서 읽을 수 없는 것은 책이라고 부르지 않는다. 음악은 듣고, 그림은 보고, 책은 읽는다.

침대에 가만히 누워 있어도 음악은 귀에 들린다. 귀에 들리는 음악을 거부할 방법은 없다. 귀마개로 귀를 틀어막거나 이어폰을 끼고 다른 노래를 듣는 것 외에는 외부에서 들려오는 음악을 피할 길이 없다.

텔레비전을 켜놓고 눈을 감지 않는 이상 화면은 계속 보인다. 여기에 특별한 의식이나 생각은 필요 없다. 눈을 뜨고 드라마를 보는 것만으로 지금 어떤 장면인지, 남자 주인공이 무슨 행동을 하고 있는지 알 수 있다.

글자를 보는 것은 독서가 아니다

하지만 책은 다르다. 책은 읽어야 한다. 읽는 것은 보는 것과 다르다.

눈을 뜨고 책장을 편다. 멍하니 글자를 쳐다본다. 그런데 머릿속으로는 다른 생각을 한다. 책에 뭐라고 쓰여 있는지 이해되지 않는다. 글씨를 모르는 건 아니다. 단어의 뜻도 알고 있으며, 이게 소설인지 부동산 재테크에 관련된 책인지도 구분할 수 있다. 그러나 책이 무슨 말을 하고 있는지는 모른다. 읽지 않고서는 모르는 것이다.

독서는 기본적으로 '읽다' 라는 동사에 의해 진행된다. 따라서 책은 독자가 읽어줘야만 성립된다. 눈으로 보고 입으로 문장을 따라 말해도 머릿속에서 읽으려고 하지 않는다면 매일같이 책을 봐도 말 그대로 봤을 뿐이다. 남는 게 없다.

읽는 이의 적극적인 참여로 완성되는 독서

책은 다른 문화와 달리 독자의 자발적인 참여가 필수다.

국민 가수 조용필의 노래를 듣고 감동하지 않는 것은 개인의 취향에 달렸다. 그래도 조용필이 어떤 노래를 부르고 있는지는 안다. 마음에 드느냐, 들지 않느냐의 차이다.

반 고흐의 그림을 보고 감동하는 사람도 있고 정신이 어지럽다고 말하는 사람도 있다. 이 또한 개인의 취향이다. 그래도 반 고흐가 해바라기를 그렸다는 데에는 모두 동의한다.

그런데 책은 읽지 않고서는 이게 어떤 내용인지 알 수가 없다. 제목이나 표지만 보고는 그 속에 무엇이 들어 있는지 알아낼 도리가 없다. '앵무새 죽이기'라는 제목만으로는 이것이 어떤 분야의 책인지 가늠할 수 없다. 누군가는 환경보호단체에서 펴낸 책이라고 생각할 테고, 또 누군가는 정신의학과 관련된 책이 아니냐고 되물을 것이다.

책은 텔레비전, 인터넷, 방송, 음악, 미술 등의 다양한 매체와 달리 독자의 자발적인 참여의지를 필요로 한다. 문화활동 중 가장 능동적인 행위다. 독자의 내면에서 미묘하고 적극적인 대응작용이 발생하지 않고서는 책도, 독서라는 기능도 유지될 수 없다.

독서에는 자기생산이 수반되어야 한다

우리는 뇌와 정신을 동원해 책을 읽는다. 문장과 문장, 단어와 단어 사이의 여백에 개인의 삶에서 추출된 상상력을 대입시킨다. 페이지를 한 장 넘길 때마다 우리 머릿속에서는 본문보다 더 많은 보이지 않는 글들이 쏟아진다. 그 보이지 않는 글을 찾아내는 것이야말로 우리가 책을 읽는 근본적인 까닭이다.

그런 의미에서 독서는 단순히 읽는 행위가 아니다. 쓰는 행위다. 흔히 텍스트라 불리는 손에 들린 책을 읽으면서 자신의 인생과 앞으로 살아가게 될 세상을 써나가는 행위인 것이다.

그래서 일반적인 문화활동이 감동이라는 소비로 끝나는 것과 다르게 독서의 끝에는 어떤 식으로든 자기생산이 반드시 수행되어야 한다.

많은 이들이 책을 싫어하는 이유가 여기에 있다. 서점에 독서법에 관한 책들이 쌓여 있는 이유다.

상상력을
불러오지 못하는
책은 책이 아니다

여름에는 추리소설이 잘 나간다. 나도 추리소설을 여러 권 번역했다. 특히 내가 좋아하는 작가는 마쓰모토 세이초라는 일본 추리소설계의 전설이다. 사회파 추리소설이라 하여, 살인사건을 저지른 범인의 심리를 추적하고 체포하는 과정에 초점을 맞추는 대신, 범인이 그런 범죄를 저지를 수밖에 없는 인간으로 변질되기까지의 사회구조적 문제에 초점을 맞춘다.

오로지 내 내면에서 벌어지는 격정의 세계

마쓰모토의 소설을 읽다 보면 어느새 주인공의 행동을 따라가게 된다. 범인이 눈앞에 있는 긴박한 상황에서는 읽는 속도가 빨라진다. 동시에 심장박동도 빨라진다. 손에 땀이 난다.

범인이 다음 희생자로 지목했던 아름다운 여인을 주인공이 구해준 후 둘 사이에 미묘한 분위기가 감지될 때는 천천히 읽게 된다. 뿐만 아니라 다른 책에서 읽었던 비슷한 장면과 비교해가며 책에 없는 캐릭터를 상상하거나, 다른 방향으로 전개되는 새로운 구성을 기대하기도 한다.

이 모든 반응이 나의 내면에서 일어난다. 겉으로는 조용히 책을 읽고 있는 것처럼 보이지만 속에서는 그야말로 불꽃이 튄다. 그 격정적인 감정의 물결을 바깥 사람들은 알아차리지 못한다.

책을 읽는 기쁨과 감동과 여운은 오직 나만을 위한 것이다. 이것이 책 읽기의 핵심이다.

좋은 책은 끊임없이 질문을 던지게 한다

위인전을 읽으면서 성공한 그의 삶에 나의 미래를 투영시킨다. 자기계발서도 마찬가지다. 훌륭한 자기계발서는 상당히 문학적이다. 문학적이라는 말은 작가의 글 솜씨가 빼어나다는 뜻이 아니다. 책을 읽어나가는 도중에 수시로 어떤 '상황'이 머릿속에 그려진다는 뜻이다. 의식적이든, 무의식적이든 본문에 나오는 문장에 질문을 던지거나, 의심하게 되거나, 비판하게 되거나, 긍정하게 된다는 뜻이다.

좋은 책을 읽는 과정에서는 호기심이 생긴다. 그 호기심은 다음 장에서 채워질 수도 있고, 책장을 다 덮은 후에 스스로 만들어내야 될 수도 있다.

우리가 책을 읽는 이유는 정답을 듣기 위해서가 아니다. 뭐가 문제였는지 확인하기 위해서다.

좋은 책은 정답을 가르쳐주지 않는다

자기 인생에 만족하지 못하는 사람들의 공통점은 이유를 모른다는 것이다. 자기가 왜 불행해졌는지 원인을 모른다. 말로는 돈이 없어서 불행하다, 건강하지 못해서 불행하다, 일하는 동료들 때문에 힘들어서 불행하다 등등 떠들어대지만, 그것은 결과다. 돈이 없는 게 결과이고, 건강하지 못한 것도 결과다. 사람들과 어울리지 못하는 것도 결과다. 저래서 나는 돈을 벌지 못했구나, 그래서 나는 건강을 잃게 되었구나, 이래서 사람들이 나를 싫어하는구나, 라는 원인은 끝내 알지 못한다.

원인을 알게 되면 정답은 쉽게 찾을 수 있다. 정답을 어떻게 실천할 것이냐의 자기의지가 다음 고비일 뿐, 원인에 대한 해결책은 누가 가르쳐주지 않아도 금방 알 수 있다. 그리고 책은 우리에게 정답이 아닌 원인을 가르쳐준다.

좋은 책은 마음을 움직이는 힘이 있다

책을 읽었는데 아무런 반응도 일어나지 않는다면 그 책은 버려야 한다. 아무리 어려운 책이라도 좋은 책은 독자의 마음속에서 뭔가를 일으킨다.

예를 들어 헤겔이나 칸트가 쓴 철학서는 수백 년 동안 인류의 필독서로 존경받아왔지만 전공자들도 한 권 읽기가 쉽지 않다. 너무 어려워서다. 그런데 왜 아직도 사람들은 헤겔과 칸트를 찾는 것일까?

아무 페이지나 펼쳐서 딱 한 쪽만 읽어도 문장 하나쯤 내 마음에 꽂히는 것이 있어서다. 이 어려운 책 속에도 내가 이해하고 좀 더 생각해볼 수 있는 문장이 있더라는 자기만족감을 채워주기 때문이다. 즉 내면을 움직이게 만드는 힘이 있기 때문이다.

좋은 책은 우리를 미지의 세계로 안내한다

문장 하나라도 좋다. 단어 하나라도 상관없다. 좋은 책은 어떤 것으로든 나를 집중하게 만든다.

취향과 개성은 제각각이므로 모두가 감동적인 소설이라고 말해도 내 눈에는 철 지난 신파처럼 생각될 수 있다. 삼류 치정극이라 해도 나는 눈물 흘리며 읽고 또 읽을 수 있다. 왜냐하면 그 책이 나를 생각으로 인도해주기 때문이다.

이를 두고 몰입이라고 한다. 몰입은 상상력의 입구다. 책의 위대한 점은 한 줄짜리 문장, 혹은 단어 하나만으로 독자를 몰입시킬 수 있다는 데 있다.

영화라면 거대한 스크린, 귀청을 울리는 효과음과 어두컴컴한 극장 실내 등이 필요하지만, 책은 흰 종이 위에 새겨진 자그마한 까만 글씨 몇 개만으로도 영화보다 더 큰 세계로 우리를 인도해준다.

스크린 속 잘생긴 남자 주인공보다 나를 더 멋진 인생의 탐험가로 분장시켜주고, 내가 서 있는 이 보잘것없는 자리를 SF 영화의 외계인이 살고 있는 행성보다 더 크고 신비로운 미지의 영역으로 만들어준다.

생각해보기 바란다. 유명 소설이 영화화됐을 때 성공하는 경우는 극소수다. 왜 그럴까? 책을 읽었을 때 우리가 상상했던 장면보다 스크린에 옮겨진 장면이 훨씬 보잘것 없어서다. 그게 책의 힘이다. 우리가 점점 상실해가는 힘이기도 하다.

대화할 수 있는
책을
고르자

책을 한마디로 정의하자면, 깊은 사고의 반복을 통해 속 깊은 대화로 나아가는 과정이라고 표현해야 될 것이다. 책의 가장 큰 특징은 본문에 담긴 작가의 사상이나 환경이 사고를 거쳐 고찰되고 기술적으로 다듬어진다는 점이다.

교과서는 일방적인 연설이다. 그래서 우리는 교과서를 읽고 흥미를 느끼지 못한다. 우리는 책에서만큼은 조금 더 느린 대화를 원한다. 인간의 특성을 책에서 배우려면 그냥 읽고 끝나는 게 아니라 대화로 진전될 수 있어야 한다.

독서는 대화다

그렇기 때문에 좋은 책은 대화와 비슷하다. 그것은 인생의 본질을 고민하게 만든다.

사람들에게 지쳤을 때 사람들은 책을 찾는다. 위로받고 싶어서가 아니다. 뭔가를 배우기 위해서도 아니다. 조언을 듣고 싶은 것은 더더욱 아니다. 책과 대화를 나누고 싶어서다. 책 속에서 상처받은 나를 발견하고 끄집어내 위로해주고 싶어서다.

당신은 누구와 대화를 나누고 싶은가?

대화의 폭이 넓어지기 위해서는 기준이 되는 책의 종류와 분야가 확대되어야 함은 물론이다. 잡담이나 저녁 먹고 호프집에 들러 수다를 떠는 것 정도를 원한다면 흔하디흔한 자기계발서나 가벼운 베스트셀러로 충분하다. 여럿이 모여 웃고 즐기면서 수박 겉핥기식의 안부를 물어보는 분위기에 도취되고 싶은 사람이라면 굳이 좋은 책을 고를 필요가 없다.

그러나 인생 전반을 철학적으로 고찰하고, 나의 심오한 부분에서부터 치유해나가기를 원하고, 변화시키기를 원하고 발전시키기를 원하는 사람이라면 그에 어울리는 책을 찾아내야 한다. 상대의 수준에 따라 대화의 질이 결정되듯 책 또한 마찬가지이기 때문이다.

책은 속 깊은 대화를 가능케 한다

많은 사람들이 신문과 잡지를 읽지만 그것을 독서라고 부르지는 않는다. 신문도 활자요, 책도 활자인데 왜 매일같이 읽는 신문은 독서의 경계에 포함되지 못하는 것일까?

흡연실에서 우연히 듣게 되는 회사 상사의 험담이나, 누가 어느 부서로 발령이 났다더라, 아무개와 아무개 사이가 안 좋다더라 같은 소문과 뒷담화가 속 깊은 대화의 범주에 포함되지 않는 것에 비유할 수 있다.

수다와 대화가 다르듯 신문, 잡지, 인터넷 블로그와 책을 읽는 것은 글자를 해독한다는 점에서 다를 바 없어 보여도 엄연히 별개의 활동이며, 따라서 우리 삶에 미치는 영향 또한 천지 차이다.

책이 주는 유대감은 특별한 것

책은 우리에게 소속감을 준다. KBS 뉴스를 본 사람들끼리 소속감을 느끼는 경우는 거의 없다. 어떤 신문을 보는 사람들끼리 소속감을 느끼는 경우도 거의 없다. 그런데 책은 소속감을 준다.

우연히 대화 도중에 어떤 책을 재미있게 읽었다고 말했는데 상대도 그 책을 읽어봤다고 대답하면 갑자기 친밀감이 느껴진다. 마치 오랫동안 알고 지낸 사람처럼 가깝게 느껴진다. 책에는 정서적 소속감이 있기 때문이다.

책의 소속감이란 생각의 공유다. 어떤 책을 선택한 사람들은 그 책이 갖고 있는 생각에 공감했다는 뜻이다. 즉 서로 깊은 대화를 나누지 않고도 같은 책을 읽었다는 것만으로 그와 나는 생각이 비슷하다는 확인에 이르게 되는 것이다.

처음 만난 사람, 알고는 지냈어도 그동안 깊은 대화는 없었던 사람과 읽은 책 한 권으로 정서적 유대와 더불어 사상적 공유가 만들어질 수 있다. 이는 책을 통해 제삼자와 더불어 들리지 않은 대화를 나누었다고도 할 수 있다.

좋은 독서는 책과의 대화는 물론이고 그 책을 함께 읽은 타인들과의 대화까지 이루어지게 만든다. 책을 통해 사람들과 인생의 가치까지 공유하게 되는 것이다.

고전 읽기는 역사와의 대화

신문이 어제 있었던 일들을 기록하고 있다면 책은 길게는 천년 전 이야기를 담고 있다. 그 얘기는 천 년이라는 시간 동안 그책을 읽었던 수많은 사람들과 대화하는 것이 가능하다는 뜻이다. 그런 의미에서 고전을 읽는 것은 인류 역사의 권위에 동참하는 행위다. 이것은 단순한 대화가 아니다. 역사와의 대화다. 세상을 만든 사람들과의 대화다.

어린 학생이 밤중에 대통령을 만나 이런저런 담소를 나누는 게 가능할까? 책에서는 가능하다. 《플루타크 영웅전》 한 권이면 우리는 기원전 4세기의 알렉산더 대왕과 페르시아 정벌에 대한 의견을 교환하는 것이 가능하다.

책은 우리에게
인생의 시간을
돌려준다

책은 단순한 사물이 아니라 과정이다. 그래서 책에는 시간이 필요하다. 책을 쓸 때도 시간이 필요하고, 읽는 동안에도 시간이 필요하다.

책의 가장 큰 특징 중 하나는 저자와 독자에게 시간이라는 요금을 따로 계산시킨다는 점이다.

한 권의 책을 쓰는 어마어마한 시간

책을 쓴다는 것은 시간이 많이 걸리는 작업이다. 글을 쓰겠다고 책상 앞에 앉아 있어도 국가에서 지정한 최저 시급이 저절로 주어지는 것도 아니다. 책을 쓰는 데 들어가는 단어만 4~5만 개는 되는데 개당 얼마라고 액수가 정해진 것도 아니다.

게다가 아무 말이나 함부로 쓴다고 해서 책이 되는 게 아니므로 적당한 단어를 찾고 문장을 만드는 데 아주 많은 시간이 소모된다. 4분짜리 유행가를 짓거나 캔버스에 그림을 그리는 것도 쉬운 작업은 아니지만 수백 페이지에 걸쳐 마지막까지 논지를 유지해야 하는 책 쓰기와는 비교가 되지 않는다.

한두 문장, 혹은 몇 단락, 원고지 10매 내외의 기사나 칼럼을 쓰는 것은 그리 어렵지 않다. 그러나 기사와 칼럼 쓰기에 능숙한 사람들도 막상 책 쓰기에 나서보면 혀를 내두른다. 웬만한 사람들은 경험하고 싶지 않을 만큼의 시간과 자원이 글쓰기라는 작업에 인정사정없이 부어지기 때문이다.

책을 읽는 데도 시간이 필요해

이렇게 완성된 책은 소비되는 과정에서도 엄청난 시간이 투자된다. 국내에 출간된 《삼국지》는 보통 열 권이다. 소설 열 권을 읽으려면 하루에 한 권씩 본다고 해도 열흘이 걸린다.

《삼국지》의 조조와 손권의 전쟁을 다룬 〈적벽대전〉이라는 영화가 있다. 총 2부로 제작되었고, 영화 두 편을 보는 데 네 시간쯤 걸린다.

극장에서 장편 영화 한 편을 보는 것은 길어도 두 시간이지만 소설책 한 권을 읽는 데는 보통 그보다 많은 시간이 필요하다. 보기만 해도 잠이 쏟아지는 재미없는 책이라면 오후 내내 책표지만 붙들고 있어야 되는 수도 있다. 그래서 많은 사람들이 책 읽을 시간이 없다고 주장한다.

책은 우리에게 영원의 시간을 돌려준다

책은 시간의 흐름과 더불어 저절로 읽히지는 않는다. 시간과 더불어 책을 이해하려는 노력이 필요하다. 요즘처럼 찰나적인 반응에 길들여진 세태에서 지속적인 노력을 요구하는 책 읽기는 매우 비생산적인 수고처럼 느껴지는 것도 이해가 된다. 더더군다나 좋은 책일수록 더 불분명하고, 열심히 책을 읽는다고 달라지는 것도 없다.

책은 열심히 읽어서 될 게 아니라 아주 잠깐이라도 의미를 찾아내며 읽어야 한다. 고행과도 같은 길이지만 책이 준비한 선물을 누리고 싶다면 참아낼 수밖에 없는 고통이기도 하다.

그러나 이 모든 고통과 시간의 값을 치렀을 때 책은 우리의 삶을 두 배, 혹은 세 배 이상 길게 영속시켜준다. 그 힘은 책이 준비한 선물, 즉 감동에서 키워진다.

글밭에 뿌린 노력들이 열매를 맺는 순간

책에게서 얻어지는 감동은 여타 다른 활동에서 얻을 수 있는 감동과는 조금 다르다. 책을 읽고 느껴지는 감동은 책이 거저 준 것이 아니라 우리가 책이라는 토양 위에서 정성껏 키워낸 작물이기 때문이다.

책을 일컬어 '글밭'이라는 표현을 쓴다. 말 그대로 그냥 밭인 것이다. 여기서 흙은 글자에 해당된다.

아무것도 심어지지 않은 글밭 위에 우리는 시간과 노력을 쏟는다. 수확을 고대하며 뿌린 씨앗은 내 안의 생각들이다. 그것들이 글밭 위에서 뿌리를 내려 이파리를 틔우고 줄기를 키워 마침내 열매를 맺는다.

그 열매가 우리 삶을 살찌운다. 살찌울 뿐만 아니라 그 안에는 놀랍게도 인생의 시간들이 가득하다. 하루를 이틀처럼, 1년을 10년처럼 살 수 있게 만들어주는 것이다.

비결은 이렇다. 10년 후에 알게 될 것을 오늘 알게 해주는 것이 독서다. 20년 후의 내 모습을 오늘 보게 해주는 것이 독서다. 내일 겪게 될 일의 결과를 오늘 말해주는 것이 독서다. 이 모든 게 책이라는 글밭에서 내가 키워낸 열매들이다.

읽을 수 있는
책을
고른다

베스트셀러가 되기 위해서는 기본적으로 많이 팔려야 한다. 그리고 많이 팔렸다고 해서 꼭 나쁘다고 말할 수는 없다.

단지 베스트셀러 목록을 훑어보면 드라마나 영화에서 주인공이 인용한 책, 혹은 다이어트 비법, 오래 사는 비결, 남들이 아직 모르는 돈 굴리는 투기법 등이 상위를 차지하고 있다는 데서 문제점을 느끼는 것이다.

시류에 편승하여 만들어진 이런 베스트셀러 목록을 보았을 때 과연 이런 책을 사람들이 두고두고 곁에 둬야 할 책으로 믿어도 되는 것인가, 라는 의심이 드는 것만은 분명하다.

베스트셀러는 대개 빈약하게 기획된다

베스트셀러 목록은 끝없이 변한다. 베스트셀러는 당시 사람들의 관심을 반영한다.

특정 시기의 판매 수치만으로 요즘 사람들이 어떤 책을 좋아한다고 단정하기는 어렵지만, 그래도 전반적인 소비 경향은 파악할 수 있다. 그리고 다음과 같은 결론도 가능하다.

'현대인도 책을 많이 읽는다. 하지만 끝까지 읽지는 않는다. 관심을 끄는 무언가만 있다면 내용은 그리 중요하지 않다.'

그에 따라 출판사들도 기능적인 책들을 내놓는 데 열을 올리고 있다. 베스트셀러 목록에 부합하는 책들만 만든다는 얘기다. 그래서 연예인이 쓴 요리책, 평범한 주부가 40킬로그램을 빼고 쓴 다이어트 설명서, 비정규직 사원들의 등골을 빼먹고 성장한 중소기업 창업주가 쓴 경제서와, 직장에 다녀본 적 없는 컨설턴트의 자기계발서, 외국의 유명 대학 정치학과 교수가 쓴 어렵고 좋은 말이지만 우리와는 거의 상관이 없는 정치 평론이 난무하게 되는 것이다.

누가 쓸모없는 베스트셀러를 만들었는가? 우리다. 우리가 그런 책들을 계속 구입하고 있다. 왜일까? 끝까지 읽어본 적이 없기 때문이다. 끝까지 읽어봤다면 두 번 다시 같은 책을 사지 않앗을 텐데 그마저도 읽지 못했기에 비슷한 책을 반복해서 사게 되는 것이다.

책을 고르는 기준은

책은 자신이 읽을 만한 책을 고르는 게 우선이다. 남들이 많이 읽은 책이라고 무조건 선택할 필요는 없다.

이때 읽을 만한 책인지 아닌지를 결정하는 것은 장르가 아니라 책에 담긴 의도가 기준이다.

문학성 높은 소설이라고 자기계발서보다 더 뛰어난 책이라고는 말할 수 없다. 어려운 철학서가 요즘 유행하는 20대에 해야할 일, 30대에 해야 할 일, 죽기 전에 해야 할 일이 뭔지를 가르쳐 주겠다고 나서는 책들보다 가치가 있다고도 말할 수 없다.

왜냐하면 책은 단순한 읽을거리로 그쳐서는 안 되며 경험이 보장되어야 하기 때문이다. 이 말은, 책의 가치는 독자가 얼마나 책의 내용에 참여할 수 있는가에 의해 결정된다는 뜻이다.

다만 베스트셀러니까, 라는 기준은 그만 버렸으면 한다. 내가 무엇을 읽고 싶은지, 무엇을 얻고 싶은지 생각하여 스스로 결정하고 선택해야 한다. 그러다 보면 언젠가 알게 된다. 진짜 내가 읽을 만한 책이 무엇인지.

정신을 살찌우는 책이 우리를 치유한다

책을 읽는다는 행위를 떠올려보자. 책과 함께하는 시간은 정신없이 살아가는 바쁜 사회생활에서 벗어나는 지름길이다. 돈에 따라 자기 의지까지 팔아먹어야 되는 자본주의 세상에서 잠시나마 내 안에 찌든 천박함을 벗어던질 수 있는 치유의 장소다.

순간순간 태도가 달라지는 사람들 틈바구니에 지쳐버린 감정이 책이라는 세계에서 지속적으로 유지되는 감정에 의해 단단하게 연마된다. 이것이 우리가 책에서 얻는 치유의 경험이다. 작가의 독특한 경험, 말 그대로 책에서나 볼 수 있는 기발한 아이디어가 책의 전부는 아니다.

책만의 지속적인 경험에 의해 우리는 삶을 육신이 아닌 정신으로 느끼게 된다. 우리가 어디로 가고 있는지를 몸이 아닌 마음으로 확인하게 된다. 언제 바뀔지 모르는 세상이 아니라 살아가고 있는 나 자신에게, '내가 앞으로 어떻게 살아야 할 것인지' 를 질문할 수 있게 되는 것이다.

생각의 폭을 넓혀주는 책을 읽어야

책은 우리에게 생각할 기회를 준다는 의미에서 소중하다. 마음은 책을 먹고 산다.

책을 읽는 동안 우리들은 다양한 생각을 갖게 된다. 책이 말하는 것들에 동의하기도 하고, 반론하기도 하고, 분노하기도 하고 감탄하기도 한다. 그러는 동안 머리와 마음의 한계가 점점 넓어진다. 세상이 만들어놓은 학벌, 신분, 경제, 이념, 지역, 성별, 나이 같은 울타리에서 벗어나게 되는 것이다.

책은 우리에게 특정한 생각과 이론을 주입하지 못한다. 성경을 읽었다고 모든 사람이 기독교 신자가 되지는 않는다. 불경을 읽었다고 모든 사람이 부처를 꿈꾸게 되지는 않는다. 마르크스의 《공산당 선언》은 수십 억 명이 읽었지만 그들 모두가 공산주의자가 되지는 않았다.

대신 성경과 불경과 《공산당 선언》을 읽은 사람들은 그것을 읽지 않은 사람들보다 많은 생각을 하게 되었고, 그 차이가 그들의 인생행로에 적잖은 영향을 미쳤음은 부인할 수 없다.

설명서, 참고문헌이
책으로
추앙받는 시대

최근의 출판 경향은 책의 설명서화, 참고문헌화라고 해도 과언이 아니다. 주석으로 끝날 것들이 양장이라는 화장으로 떡칠을 하고 우리 곁을 차지하고 있다.

이런 책들과의 만남은 첫날밤에 화장을 지운 신부가 옆자리에 누웠을 때 신랑이 느끼는 배신감과 당혹감을 닮았다.

원론은 없고 설명만 길게 늘어진다. 뿌리는 없고 떨어지는 꽃잎만 무성하다. 설명서와 참고문헌에 불과한 책들은 두 꼭지만 읽으면 된다. 서론과 결말이다. 즉 맨 앞장과 맨 뒷장만 읽으면 책 한 권을 다 읽은 것과 마찬가지다.

참고서로 전락해버린 책

그럼에도 사람들이, 그중에는 배운 사람들도 많고 책을 많이 읽었다고 자부하는 사람들도 많을 텐데, 어김없이 이런 책을 구매하는 이유는 뭘까?

따라가기가 쉬워서다. 요새 나온 차량에는 내비게이션이 필수다. 내비게이션이 자동차마다 장착되면서 좋아진 것은 초보자도 어디든지 갈 수 있다는 점이다. 낯선 길, 복잡한 강남 한복판에서도 내비게이션이 가르쳐주는 대로 운전하면 쉽게 목적지에 도착할 수 있다. 이는 곧 평등화의 정착이다.

그렇다면 단점은 무엇일까? 나의 길을 갖지 못하게 된다. 내비게이션 없이는 길을 찾지 못하게 된다는 점이다. 내비게이션을 켜고 몇 번이나 갔던 길인데 내비게이션 없이는 갔던 길을 찾지 못한다. 그래서 갈 때마다 내비게이션을 작동시켜야 한다. 제목만 바뀐 자기계발서를 또 읽고 또 읽게 되는 이유다.

중요한 것은 목적지까지 가는 과정

단점은 또 있다. 풍광을 놓친다. 내비게이션 화면의 빨간색 화살표를 놓칠까 두려워 차창 밖의 풍경을 놓치게 되는 것이다. 길에는 도로뿐 아니라 주위의 풍광도 포함되는 것인데 도착지라는 목적에 치우친 나머지 목적보다 소중한 과정을 잃게 된다.

자동차를 타고 달리는 길은 아스팔트로 포장된 2차선 도로가 아니다. 비록 자동차라는 도구에 몸을 실었더라도 지금 가고 있는 길이란 눈앞의 풍경이다. 그것을 상실한 채 땅만 보고 달린다면 목적지에 도착한들 기억나는 것은 없다.

베스트셀러는 내비게이션과 비슷하다. 엇비슷한 구성대로 사람들이 읽기 쉽게, 정확히 말해 익숙한 순서대로 결말까지 끌고 간다. 장별로 마지막에 중요 내용을 요약해서 박스 처리까지 해놓은 것을 보면 이게 책인지 학습지인지 헷갈릴 정도다. 평범하기 그지없는 내용을 포토샵으로 꾸며 독자들의 사고를 혼란에 빠뜨린다.

이런 책들은 하루를 채 버티지 못하는 동기부여로 끝나기 일쑤다. 피우고 나면 공허해지는 담배 한 개비처럼 인생에 아무런 도움이 되지 못한다.

책이 학습서인가?

기능적인 책들은 얼마든지 다른 형태로 우리 곁에 머무는 것이 가능하다. 굳이 책으로 안 봐도 인터넷 검색이나 텔레비전 강연으로 필요를 충족시킬 수 있다. 굳이 인쇄된 형태의 책으로 만나지 않아도 된다.

다이어트 비법이 궁금하면 다이어트 비디오가 출시되어 있다. 이쪽이 운동을 배우는 데 더 효과적이다. 요리가 하고 싶다면 케이블 방송의 음식 채널을 보는 편이 낫다. 거기서 친절하게 설명해주는 이들은 직업이 요리사다. 글쓰기에 익숙한 사람들이 아니다.

자기계발서도 텔레비전이 낫다. 경제 방송이나 강연은 지루할 틈 없이 한 시간 내내 경청하는 것이 가능하지만, 이런 종류의 책을 한 시간 넘게 집중력을 유지해가며 읽기란 결코 쉬운 일이 아니다.

더군다나 자기계발서 저자들은 글쓰기보다 말하기를 타고난 사람들이다. 말보다 글을 잘 쓰는 사람은 글을 쓰는 게 옳고, 글보다 말이 뛰어난 사람은 대중 앞에서 강연하는 게 낫다. 저 사람은 말을 더 잘하는 사람인데 굳이 그가 쓴 책을 돈 주고 사 볼 필요가 있을까? 어차피 잘나가는 자기계발 컨설턴트라면 텔레비전에 등장할 기회가 많을 테고, 차라리 그때 강연을 듣는 게 훨씬 경제적이다.

학습지와 같은 책을 읽고 그것을 독서라 말할 수는 없다. 그러나 우리나라 독서 인구로 조사된 10퍼센트 남짓의 사람들이 가장 많이 사 본 책은 이런 것들이다.

만약 학습지를 제외하고 베스트셀러 판매량을 다시 조사한다면 그 수치는 얼마나 될까? 그 결과에 우리는 부끄러워지지 않을까?

우리는
정당한
독자였는가?

책을 안 읽는 사람들에게 왜 책을 읽지 않느냐고 물어보면 대답은 다음 세 가지로 요약된다.

책은 너무 어렵다.

책은 너무 길다.

책은 너무 비싸다.

책이 마냥 어렵기만 한 것인가?

스스로 빈 공간을 채워나가야 하는 독서라는 행위는 다른 활동에 비해 더 시간과 노력을 필요로 한다. 그것은 즉각적인 반응에 익숙해진 지금 사람들에게 쉽지 않은 일인 것 같다. 그래서 자녀들에게는 책을 읽으라고 강요하면서 정작 자신은 읽지 못한다.

그런데 자기는 TV를 보고 있으면서 아이들에게는 공부하라고 말하는 이유가 무엇인가? 아이들도 노는 것을 더 좋아한다. 하지만 그렇다고 TV 보고 게임만 하며 시간을 보내면 제대로 성장하기 어렵기 때문이 아닌가?

이것은 어른들도 마찬가지다. 당장 편하고 쉬운 것만 찾아 시간을 보내면 몇 년 후 미래에 기대할 것은 없다. 몸의 성장은 멈춰도 마음의 성장은 평생 계속되어야 한다.

마음의 성장을 포기한 어른이 되고 싶은가? 아니면 나이가 들수록 더 성숙해지는 지혜로운 어른이 되고 싶은가?

성장에는 성장통이 따른다. 마음의 성장을 위해 책을 읽는 시간과 노력을 성장통이라 여긴다면 그것이 단순히 고통으로만 느껴지지는 않을 것이다. 거기에는 성취의 기쁨이 동반되기 때문이다.

책은 쓸데없이 긴 것인가?

여전히 어떤 책은 100만 부가 넘게 팔린다. 많은 사람들이 책을 읽고 있다. 인터넷이 발달하면서 책에 대한 정보가 더 많은 사람들에게 전해졌고, 과거에는 혼자 누렸던 감동을 이제는 익명의 보지 못한 사람들과 나누는 기쁨까지 누릴 수 있게 되었다.

대신 두꺼운 책을 한 장, 한 장 가슴속에 새기며 읽어가던 방식은 사라졌다. 쭉 훑어보다가 필요한 부분만 골라서 읽는다. 긴 글은 환영받지 못한다. 짧지만 명언처럼 강렬한 인상의 문장을 선호한다.

　내용이 아무리 좋아도 그 책을 다 읽을 때까지 오랫동안 앉아 있을 수는 없다. 그러다가는 세상에 뒤처질지도 모르기 때문이다. 생각하는 시간마저 아까운 탓인지, 깊이 생각하며 읽지 않아도 되는 책들이 환영받는다.

　요즘 세상에서 주의력결핍증은 병도 아니다. 이토록 세상이 빠르게 변해가고 있는데 어디 한군데에 가만히 집중하라는 것은 지나친 간섭일지도 모른다. 그래서인지 신문기사도 점점 짧아지고, 오랜 시간 취재해서 내놓는 기획기사는 찾아보기 어려워졌다.

　남의 기사를 읽고 그에 따른 감상을 기사랍시고 내놓는 인터넷신문에 길들여진 현대인에겐 남의 책을 읽고 그에 대한 감상문을 써서 책이랍시고 출판한 독서 배설물을 걸러낼 기능이 사라진 지 오래다.

　짧고 강렬한 문장이 주는 감동도 있지만, 한 권의 책을 읽는 동안 흘러가는 생각의 깊은 울림은 비교할 수 없는 감동이다. 그 경험은 무엇과도 바꿀 수 없는 값진 것이다.

물론 쓸데없이 긴 책도 많이 있다. 베스트셀러에 올라 있는 많은 책들이 사실 그렇다. 그래서 책에 대한 실망감이 깊은지도 모른다. 그러나 그 정도의 분량이 당연한, 꽉꽉 채워진 알찬 책도 분명 있다. 아직 찾지 못했을 뿐.

그것은 찾는 사람에게만 발견될 것이고, 찾으려는 시도를 하지 않는 이들에게는 영원히 미지로 남을 것이다.

베스트셀러 목록은 절대 정확한 지도가 아니다. 그 지도는 여러분 스스로가 만들어야 한다.

책은 너무 비싼가?

보통 책값은 만 원이 넘는다. 질 좋은 파이프 종이에 매끈하고 두꺼운 표지, 독자의 눈을 고려한 친환경 잉크에 화려한 색감의 삽화들이 군데군데 여백을 채워주려면 어쩔 수 없다고 출판인들은 항변한다.

그런데 맞는 말이다. 요즘 독자들은 '후진' 책은 거들떠보지도 않는다. 전 세계에서 유행하는 문고본이 유독 한국에서는 철저히 외면당한다. 예쁘지도, 값비싸 보이지도 않아서란다.

그럼 왜 독자들은 예쁘고 값비싸 보이는 책을 원할까? 주 독자층이 여자이기 때문이다. 한국에서 책을 제일 많이 읽는 사람들은 20~30대 여성이다. 책을 제일 안 읽는 사람들은 20대 남성이다. 대형 서점에서 작가 사인회나 낭독회에 가보면 남자는 한두 명 눈에 띌까 말까다. 절대다수가 특정 연령대의 여성들이 차지하고 있다. 한국 출판 시장에서 여성 독자를 빼놓고는 책에 대해 말할 수 없다.

출판사 입장에서는 주 소비층인 여성을 공략하는 것이 생존전략이 되었다. 그렇다 보니 소설을 비롯한 에세이, 생활문화 전반에 걸친 책들이 여성화되는 현상에 이르렀다. 소비자가 원하는 바를 생산자는 따라갈 수밖에 없다. 더 예쁜 포장을 추구할 수밖에 없다. 그것이 책값이 상승하는 한 가지 이유다.

반대로 남자들 중에 책을 가장 많이 읽는 세대는 40~50대 중년 남성들이다. 이들은 편식형이다. 노후, 건강, 경제, 이 세 가지가 그들이 책을 선택하는 유일무이한 기준이자 법칙이다. 다른 책은 거의 구입하지 않는다.

젊은 남자들은 책값이 비싸다고 투덜댄다. 한 시간 반짜리 영화는 애인과 함께 2만 원이 넘는 돈을 투자하고 담배와 술값으로 허다한 낭비를 일삼으면서도 그들이 탓하는 세상을 변화시켜줄지도 모르는 책 한 권을 구입하는 데 돈 만 원을 아까워한다.

달러나 엔화가 떨어지면 인천공항이 해외여행을 떠나려는 사람들로 북새통을 이룬다. 단돈 30만 원이면 필리핀, 태국, 중국 일부 지역을 주말을 이용해 2박 3일간 즐길 수 있다는 여행사 전단지가 아침마다 대문 앞에 놓여 있다.

이런 여행지에서의 싸구려 문화는 더 말할 필요도 없을 것이다. 뱀술이나 강매당하고 밤중에 트랜스젠더의 저질스런 춤을 구경하는 30만 원짜리 싸구려 동남아 여행비는 아깝지 않아도, 중고책 서점에서 류시화가 쓴 2천 원짜리 인도 여행기를 사는 것은 망설여진다면 그것은 너무나 비참한 삶이다.

다른 누군가에게가 아닌 나 자신에게 부끄러운 삶이 될 수도 있다. 더 무서운 것은 시간이 지날수록 부끄러움마저 느끼지 못하게 된다는 것이다.

이정표 없는
독서는
이제 그만

대왕님의
독서법

세종대왕이 책을 너무 많이 읽어
눈병이 났다는 것은 유명한 일화다. 세종대왕은 어렸을 때부터
책을 손에 달고 살았다. 전해지는 바에 따르면 책 한 권을 백 번
씩 읽었다고 한다.

오죽하면 아버지 태종이 눈병으로 충혈된 아들을 보고 화가
나서 책을 모조리 치우라 명령했다고 하니, 책을 좋아하는 수준
이 아니라 심각한 책 의존증이 의심될 정도다.

스스로 울림을 만드는 책읽기

아무리 재미없고 딱딱한 책도 백 번쯤 읽다 보면 가슴이 울린
다. 보이지 않던 책의 깊이가 전해져오는 게 아니라 책을 백 번
읽는 동안 내 안에서 울림이 만들어진다고 할 수 있다.

책이 주지 못하는 감동을 독자인 세종이 스스로 만들어냈다는 점에서 세종대왕은 매우 적극적인 독자였다는 생각이 든다.

그에 비하면 우리는 매우 객관적이고 수동적인 독자의 틀에 머무르고 있다. 객관적이라 함은 책에 쓰여 있는 내용을 그대로 받아들이려 한다는 뜻이고, 수동적이라 함은 책을 다 읽고 나서도 머리에 남는 게 없다고 투덜댄다는 뜻이다.

왜 책을 읽어도 감동이 전해지지 않는 걸까? 왜 책을 읽어도 머릿속에 남는 지식이 없는 걸까?

눈으로 읽어서다. 책은 머리로 읽는 게 아니라 영혼으로 읽어야 한다. 자기계발서든, 다이어트 책이든, 스포츠 스타의 일대기이든 영혼으로 읽어 내려가야 한다.

책은 자기의 삶으로 읽는 것

영혼을 다른 말로 바꾸자면 '삶'이다. 책은 내가 살아온 인생으로 바라봐야 한다. 5년 전의 나, 10년 후의 나, 내일의 나, 오늘의 나로 읽어야 된다.

세종이 책을 백 번 읽은 이유는 자명하다. 그가 앉은 자리에서 백 번을 채웠을까? 아니다. 10년, 20년, 아니 평생토록 그 책을 읽고 또 읽었을 것이다.

5년 전에 읽었던 책을 오늘 다시 꺼내 읽는다면 그 책은 5년 전 그 책이 아니다. 저자도 다르고, 하고자 하는 말도 다르다. 왜냐하면 5년 전의 내가 아니기 때문이다.

책은 살아 있는 생명체이므로 운동력이 있다. 겉으로 보기엔 죽은 글자 같아도 그것이 나를 관통해 정신과 양심과 골수를 쪼갠다. 펜이 칼보다 강한 이유는 보이지 않는 인생을 죽일 수도, 살릴 수도 있어서다.

독서에
욕심내지
마라

살기가 점점 팍팍해진다지만 그래도 주위를 둘러보면 다들 열심히 살아간다. 어린 학생들은 방학에도 쉬지 못하고 학원에, 강습에, 어학연수에 부모보다 더 짧은 하루를 산다.

텔레비전에 등장한 초등학교 5학년 여학생이 12시 이전에 귀가해본 게 언제인지 모르겠다고 말하는 것을 듣고 날마다 술에 취해 퇴근시간이 자정을 넘기기 일쑤였던 옛 직장생활이 부끄러워졌다.

일확천금을 노려 로또복권이 성행하고, 돈 잘 버는 연예인들마저 사행성 스포츠 도박에 몰두하는 판에도 평범한 소시민들은 하루하루 자기 위치에서 성실히 일하고 있다.

'열심히'와 '의미 있게'의 차이

열심히 산다는 것은 자기에게 주어진 생활에 최선을 다하고 있다는 뜻이다. 오늘보다 조금이라도 나은 내일을 위해 지금 이 순간을 허투루 낭비하지 않고 나의 인생을 투자하고 있다는 뜻이다.

그런데 인생은 열심히 사는 것만으로는 부족하다. 의미 있게 살려고 마음먹는 것이 필요하다.

의미 있게 산다는 것은 현재의 경제적인 풍요로움보다 마음의 충족과 행복을 우선하는 것이다. 그래서 소홀했던 가족이나 친구들에게 내 삶의 일부를 나눠주고, 인간적인 가치를 인생의 순위권에 올려놓고 희생과 봉사로 물질의 축적이 제공해주지 못하는 영구적인 기쁨을 맛보는 삶이다.

문제는 열정적으로 하루를 살아야 한다는 각오와, 바쁜 삶 속에서 의미를 놓쳐서는 안 된다는 반성이 자주 충돌한다는 점이다. 이 충돌은 독서에서도 일어난다. '열심히, 욕심껏 읽는 것'과 '의미 있게 읽는 것'은 다르다.

책을 정복 대상으로 여기지 마라

남들이 다 읽은 책은 나도 읽어야 된다, 1분이라도 더 책을 읽어야 한다, 그래야만 발전된 내가 될 수 있을 것 같다……. 새로 나온 책은 빠짐없이 읽어야 한다, 그들은 알고 있는데 나만 모른다는 것은 용인할 수 없다…….

누군가 읽은 책을 나는 읽지 않았다는 것이 패배처럼 느껴지거나 게으름을 피운 것처럼 자책하게 된다면, 그것은 책을 정복 대상 내지는 다음 단계로 올라서기 위해 갖춰야 될 직능쯤으로 여기고 있는 것일지 모른다.

'열심히' 책을 읽는 사람들의 특징은 독서를 경쟁처럼 여긴다는 것이다. 마치 승리하기 위해 책을 읽는 것처럼 보인다. 책읽기의 기준을 효율성과 생산성에 둔다. 계획을 세워 책을 읽는다. 독서에 경제관념을 대입시킨다.

그런데 책읽기의 기본 바탕은 철학이다. 삶의 보람, 행복, 기쁨, 위안, 반성, 정의로운 분노를 위해 책을 읽어야 하는 것이다.

책은 수단이 아니다

많이 가졌다고 행복해지는 것은 절대로 아니다. 책을 많이 읽었다고 많이 안다고 자신할 수는 없다. 소유와 만족 사이에는 비레등식이 존재하지 않는다.

한 권을 읽어도 평생토록 행복한 사람이 있고, 수만 권을 읽었어도 여전히 책에 쫓겨 다니는 사람이 있다.

개인의 발전과 이득, 남을 추월하는 데 필요한 속도를 얻기 위한 독서는 브레이크 없는 자동차와 같다. 언젠가는 급커브 길에서 전복되고야 만다. 혹은 앞서 달리는 차를 뒤에서 들이받게 될지도 모른다. 그렇게 되면 모두가 다친다. 가장 크게 다치는 사람은 당연히 자기 자신이다.

책읽기에도 균형이 필요하다. 닥치는 대로 읽는 것은 무의미한 폭식과 다를 바 없다. 책을 바라보는 균형 잡힌 시각이 중요한 이유다.

책은
주인이
아니다

왕의 역할은 나랏일이다. 나라가 있기 때문에 왕이 필요하고, 왕이 나라를 제대로 다스려줘야 백성들이 편안하게 산다. 그래서 왕은 어떻게 해야 나라를 효율적으로 운영할 수 있는지, 백성들이 배불리 먹고 살 수 있는지를 연구한다.

그러기 위해서는 백성의 마음을 알아야 하고, 주변 국가의 사정에도 정통해야 한다. 지식이 많을수록 왕은 나랏일을 해결하는 데 어려움을 겪지 않게 된다. 지혜로운 왕은 제아무리 어려운 문제도 금방 해결해낸다.

능력 있는 신하를 두라

이때 필요한 사람이 신하들이다. 신하는 외교, 문화, 복지, 교육, 경제 등의 프로페셔널이다. 그들은 왕처럼 전체를 바라보지는 못하지만, 대신 자신이 맡은 분야의 모든 것을 알고 있다.

지혜로운 왕 밑에는 그래서 항상 훌륭한 신하들이 있었다. 바꿔 말해 훌륭한 신하를 많이 둔 왕이 성군(聖君)이었다.

신하의 역할은 단순하다. 왕이 내린 명령만 따르면 된다. 혹은 왕이 제시한 문제를 해결해주기만 하면 된다. 그리고 왕은 신하가 제시한 해결책으로 정책을 만들어 현실에 대입시킨다.

여기서 핵심은 시간과의 싸움이다. 왕에겐 아주 많은 일거리가 있고, 신하들도 아주 많다. 그들 모두에게 일일이 대답을 듣거나 물어봤다가는 한 가지 일을 처리하는 데도 오랜 시간이 걸릴 것이다. 자칫 때를 놓쳐 소 잃고 외양간 고치는 격이 될 수도 있다.

이를 방지하기 위해 왕은 능력 있는 신하들을 발굴해야 한다. 신하가 제공하는 정보의 질을 높이기 위해서다. 정보의 질이 높아지면 이해가 빨라져서 그만큼 시간을 아낄 수 있다.

책은 나를 보필하는 신하다

왕이 나라를 보다 편하게 다스리기 위해서는 똑똑한 신하를 많이 둬야 한다. 내가 알지 못하는 것들을 신하가 알고 있다면 그것은 언제든 내가 필요할 때 쓸 수 있는 지혜와 지식이 된다. 훌륭한 신하를 얼마나 많이 두고 있느냐에 따라 왕의 역량이 달라진다.

우리는 각자의 인생에서 왕이다. 내 인생의 주인은 나다. 그리고 책은 가장 유용하게 쓸 수 있는 좋은 신하다. 언제든 필요할 때 부를 수 있는 신하다. 이 각박한 세상에서 군말 없이 자기 것을 내놓는 유일한 충신이다.

마음만 먹으면 우리는 최고의 신하를 옆에 둘 수 있다. 매달 월급을 주지 않아도 불평 한마디 없고, 필요 없을 때는 아무 데나 처박아둬도 상처받지 않는다. 이처럼 훌륭한 신하가 우리 곁에 있다는 것은 최고의 행운이다. 겁먹을 필요가 없는 것이다.

어렵게 생각할 이유가 없다. 슬금슬금 눈치 보며 다가가는 것은 멍청한 짓이다. 신하 앞에서 주뼛거리는 임금은 없다. 모르는 게 있으면 당당하게 물어본다. 이해가 되지 않으면 이해가 될 때까지 설명해달라고 명령한다. 재미가 없으면 다른 신하로 교체한다.

요즘 같은 시대, 평등한 인권의 시대에 이만한 자유와 권리를 두말 않고 인정해주는 것은 책밖에 없다.

나를 위해
책을
고른다

이 세상엔 좋은 책만 있는 것은 아니다. 그래서 나쁜 책만 골라 보게 되는 경우도 많다.

우리는 왜 책을 읽어야 될까? 책을 고르는 기준이 무엇일까?

우선은 책을 고르기 전에 나한테 필요한 책인지 확인부터 해야 한다. 책은 나를 위해 읽는 것이다. 읽어봐야 도움이 안 될 것 같은 책은 처음부터 안 보는 게 상책이다.

마음에 드는 책을 선택할 권리

서점에는 독서법에 관한 책도 참 많다. 30분에 책 한 권 읽는 기술부터, 독서를 주제로 다양한 책들이 쏟아져 나왔다. 대형 서점 홈페이지에서 '독서'를 키워드로 검색해보면 책 제목이 수백

개가 나열된다.

하지만 문제는 어떻게 읽을 것이냐가 아니다. 어떤 책을 읽을 것이냐다.

책은 우리의 신하다. 마음에 드는 신하를 골라낼 권리가 우리에겐 있다. 여기서 핵심은 좋은 신하를 가려내는 눈이다. 마음에 들지 않는 신하, 일 못 하는 신하를 선발해놓고는 왜 이것밖에 못 하느냐고 실망한다면 그것은 왕의 무능력을 드러내는 데 불과하다.

이유 없는 구매는 실망을 부른다

책을 읽고 그 책에 나오는 구절을 현실에서 제대로 써먹는 사람은 매우 드물다. 책을 많이 읽었다고 자부하는 사람들 중에도 자신이 읽은 책의 어떤 내용을 실천으로 옮겨 덕을 봤다고 구체적인 증언을 내놓는 것을 거의 보지 못했다.

어쩌다 한 번씩 서점에 들르거나 인터넷 서점 사이트에서 베스트셀러 목록을 뒤적거리다가 자기도 모르게 충동구매하는 것이 일반적인 책 구매의 모습이다.

들뜬 마음으로 집에 돌아와 책을 펼치는데, 질소를 잔뜩 넣어 빵빵해진 과자봉지를 뜯었더니 그 안에 내용물은 얼마 되지 않는 것을 확인하고 실망감에 휩싸이듯, 그리 대단치도 않은 내용을 선동적인 제목과 색감 좋은 표지로 분장시킨 출판사와 저자에게 분노하며 책을 던져버린다. 돈도 아깝고 시간도 아깝다. 그 기분이 이끼처럼 한동안 마음을 가린다.

베스트셀러만 고집하지 마라

이 책은 베스트셀러니까, 나 말고도 많은 사람들이 읽고 공감했으니 나도 꼭 읽어봐야겠다는 생각이 무조건 나쁘다는 뜻은 아니다. 많은 이들이 선택한 책이라면 한 번쯤 읽어볼 만하다. 단지 항상 이런 기준으로 책을 고른다는 것이 문제다.

우리는 책을 읽어야 한다. 책이 우리 삶에 필요하기 때문이다. 따라서 누가 읽었는지, 읽고 그들이 어떤 느낌을 받았는지는 중요하지 않다. 고삐 잡힌 망아지처럼 억지로 베스트셀러를 구입해봐야 실망만 남겨진다. 그러면 책은 더 싫어진다. 책값에 대한 미련이 두고두고 머릿속을 지배한다. 시간만 날렸다고 책한테 분노를 쏟고 싶어진다. 모든 책이 미워진다.

그러나 베스트셀러를 선택한 건 우리였다. 베스트셀러가 우리에게 자신을 강매한 것은 아니었다. 그런데 새삼 베스트셀러가 문제라며 읽을 만한 책이 없다고 하소연한다. 따지고 보면 앞뒤가 바뀐 얘기일 수도 있다.

공장에서 찍어낸 온갖 상품이 넘쳐나는 지금은 진짜 좋은 물건을 알아보는 안목이 필요해졌다. 각자의 안목에 따라 누군가는 불평이 끊이지 않고, 누군가는 만족을 느낀다.

책이 상품으로 전락한 현실은 안타깝지만, 자본이 지배하는 사회에서 필연적으로 겪는 과정이라면, 우리에게 필요한 건 더 총명하게 진짜배기를 가려내는 눈이 아닐까 한다.

평생토록
간직해야 될 책은
많지 않다

책은 얼마나 읽어야 될까? 한 시간? 하루 종일? 일주일에 한 권? 정답은 없겠으나 단 1분을 읽어도 내게 필요한 문장을 만나게 되었다면 그것은 매우 소중한 독서 경험이 된다.

두꺼운 책 한 권을 네 시간 가까이 정독해도 남는 게 없을 수 있고, 바쁜 시간을 쪼개 가벼운 마음으로 눈에 띄는 문장 하나만 기억해두고 그날 내내 음미한 것으로도 책 한 권을 다 읽은 것처럼 뿌듯한 마음으로 하루를 알차게 보낼 수 있다.

독서는 각자의 방식대로 자연스럽게

사실 처음부터 끝까지 한 글자도 빼놓지 말고 정독해서 모든 문장을 기억하는 것은 불가능하다. 앞서 출판사가 경제관념에 입각해 효율적인 책만 출판한다고 비난했지만, 독서에서 효율성은 중요하다.

우리나라 사람들은 대충 훑어보는 것은 독서가 아니라고 생각하는 경향이 있다. 학교에서는 정독을 가르친다. 그러나 사람 사는 모습이 제각각이듯 책 읽는 법에서도 자기 스타일을 만들어야 한다.

각자의 방식이 있으므로 군이 개입하고 싶지는 않으나 몇 가지를 조언하자면, 우선 첫 줄부터 마지막 문장의 마침표까지 하나도 빼놓지 않고 정독해야 한다는 생각은 버려도 된다. 그러면 한결 가벼운 마음이 들 것이다.

또 모든 책을 사서 소장해야 할 필요도 없다. 어떤 책은 도서관에서 가볍게 한번 훑어보는 것으로 족할 수 있고, 어떤 책은 진지하게 여러 번 읽어야 하는 경우도 있다.

독서는 호흡과 같은 것이다. 백 미터 달리기를 할 땐 가쁜 숨을 쉬지만, 산책을 할 땐 가벼운 숨을 쉬는 것처럼 그때그때의 생활의 흐름에 따라 자연스럽게 읽으면 된다.

실제로 책을 좋아하는 이들의 방에 가보면 오히려 그 소박함에 놀랄 때가 많다. 요란하게 서재를 꾸며놓은 이들은 실은 독서에 강박을 느끼고 있는 건지도 모른다.

06 이정표 없는 독서는 이제 그만
·········
197

어떤 책은 가볍게 훑어보는 것으로 족해

내가 처음 내 손으로 책을 산 것은 열한 살 때였다. 서울역 뒤편에서 냉면집을 하시던 아버지를 도와드리면 잔돈 몇 푼을 용돈으로 주셨다. 그 돈을 모아서 동대문 헌책방 거리에서 책을 샀다.

그날 이후로 나는 70년 넘게 책을 봐왔다. 정확히 몇 권이나 읽었는지는 모르겠지만 아주 많이 봤다. 그런데 내 방 서재에는 책이 얼마 없다. 지금 당장 일하는 데 필요한 책이나 꼭 간직해야 될 책만 소장하고 있기 때문이다.

이게 무슨 말인가 하면, 우리가 읽은 책들 대부분이 한두 번 읽어보는 것으로 족한 게 많다는 뜻이다. 우리가 자주 접하는 책들은, 아니, 세상에 존재하는 책들 중 90퍼센트는 한 번 읽어보는 것으로 충분한 내용을 담고 있다. 특히 정보와 지식이 목적인 책은 더욱 그러하다.

이런 책을 읽는 기준은 효율성이다. 빠른 시간 내에 많은 책을 읽고 중요한 정보를 캐치하면 된다. 문학 작품이 아닌 바에야 문장력을 따질 필요가 없다. 자기계발서 같은 지식 계열 독서에서 감동을 찾는 사람은 없을 것이다. 가볍게 읽고 끝내라는 게 아니다. 효율적으로 중심에 접근하라는 뜻이다. 두 시간짜리 책 읽기가 무조건 최고는 아니다. 고효율의 책 읽기가 필요하다.

그러나 어떤 책은 정독해야만 이해가 되고, 두고두고 다시 펼쳐 봐야 하는 것도 있다. 그런 책을 읽을 때는 다른 호흡이 필요할 것이다. 더 깊고 더 느린 명상과도 같은 독서가 될 수도 있다.

버리고 싶은 책은 버려라

책을 고르는 데도, 책을 읽는 데도 강약이 필요하다. 독서에서 평등은 바보 같은 짓이다. 한 페이지, 한 페이지 같은 시간을 들여 똑같이 읽어주는 것은 '악(惡)'이다.

책은 공평하게 읽어야 된다. 공평하게 읽는다는 말은 중요한 대목에선 더욱 집중하고, 중요하지 않은 대목에선 힘을 빼고 빠르게 넘어가는 것을 말한다. 이것은 모든 속독술의 기본이기도 하다. 내가 읽은 글자의 개수와 페이지의 많음으로 책의 가치가 정해지는 것은 아니다. 책 속에서 만난 문장, 그 문장이 내게 준 깨달음, 그 깨달음이 나의 일상생활에서 어떤 가치로 재생산되었는가에 주목해야 한다.

책은 의무가 아니다. 권리이자 선택이다. 더 이상 책 때문에 귀중한 인생을 낭비해서는 안 된다. 책으로 인해 내가 희생되어서는 안 된다. 세상에는 아주 많은 책이 있다. 나와의 만남을 기다리는 좋은 책들이 무궁무진하다는 것을 잊지 말기 바란다.

목표가
없다면
책도 필요 없다

아리스토텔레스는 "책을 읽는 이유를 모르겠다면 아예 책을 읽지 말라"고 했다.

독서를 풍요롭게 만드는 비법 중 하나는 목표 설정이다. 책을 읽어야 되는 보다 근본적인 원인을 만들어내는 것이다.

목표가 있고 없고의 차이에 따라 똑같은 책을 읽어도 깨닫고 얻는 바가 달라진다.

당신은 무엇 때문에 책을 읽는가?

독자에겐 당연히 책을 읽는 이유가 있다. 이유도 없이 책을 읽는 사람은 없다.

심심해서 책을 읽는 것도 이유다. 심심해서 지루한 게 싫다는 이유가 책을 읽는 목표가 되기 때문이다.

　이왕이면 독서에 보다 큰 목표를 두는 것이 좋다. 독서의 목표가 클수록 책에 대한 집중도가 높아지기 때문이다. 목표가 강하고 높을수록 성공적인 독서가 이루어질 가능성이 향상된다.

　예를 들어 심심해서 책을 읽을 때보다 학점이 걸린 리포트를 쓰기 위해 전공서를 읽었을 때 집중력과 효율성이 상승한다. 심심해서 읽는 책은 지금 당장 안 읽어도 상관없지만, 책을 읽고 리포트를 쓰는 것은 무슨 일이 있어도 오늘 안에 끝마쳐야 될 일이다. 목표가 사람의 마음을 다르게 만드는 것이다.

책은 나의 목적에 반응한다

　목표를 이루어야 하는 절실함에 따라 독서의 질도 달라진다. 내일 당장 리포트를 발표해야 되는 상황과 한 달 후에 발표하는 상황은 동일하지 않다. 똑같은 책인데 그 책이 마음에 와 닿는 심리적 감흥은 달라도 너무 다르다.

　이처럼 독서의 목표가 정해져 있어야 제대로 책을 읽을 수 있게 된다. 특히 강력한 목표일수록 책도 그에 맞춰 강하게 반응한다. 책이 재미없다면, 책을 많이 읽어도 남는 게 없다면 책을 탓하기 전에 자신을 돌아봐야 한다. 내가 과연 어떤 목표를 가지고 책을 찾았는가, 내가 그만큼 허술한 마음으로 책을 접했기에 책이 재미없어진 것은 아닐까, 한 번쯤은 반성해볼 일이다.

안이한 인생을 살면 독서가 재미없다

성공한 사람들이 책을 가까이하는 까닭은 책에서 얻어지는 게 많아서다. 왜 같은 책을 읽었는데 그들은 얻는 것이 많고 나는 없는 걸까? 그가 나보다 똑똑해서? 개중에는 초등학교도 못 나온 사람들도 있다.

이유는 단 하나, 목표가 있고 없고의 차이다. 그들에겐 책을 읽는 목적이 있다. 자신이 설정해둔 목표에 도달하는 지름길과 원동력을 책에서 찾아내겠다는 의지다. 그에 반해 우리가 책을 읽는 목적은 흐리멍덩하다.

인생에 강력히 바라는 목표가 딱히 없다 보니 책이라는 수단에도 특별한 목적이 부여되지 않는다. 남들처럼 되고 싶어서, 혹은 남들이 읽으니까, 이유는 정확히 모르겠는데 사는 게 내 마음 같지 않고 답답해서 혹시나 하는 마음에 책장을 기웃거린다. 그런 이들에게 책은 흰 것은 종이고 까만 것은 글자일 뿐이다.

목표가 클수록 읽는 책의 수준과 가짓수도 비례해서 늘어난다. 대기업 입사가 꿈인 청년은 자기소개서 쓰는 방법, 마케팅

관련 노하우, 사람들과의 커뮤니케이션, 공부하는 기술 같은 책을 고를 것이다. 하지만 기업을 창업하는 게 꿈인 청년은 이에 덧붙여 경영, 철학, 예술, 문학까지 두루 섭렵하려 들 것이다. 목표가 크기 때문에 더 많은 책을 만나게 되는 셈이다.

우리는 생존 이상을 추구하기 때문에 사람이다

책이 재미없다는 사람들의 특징은 목표가 없다는 것이다. 돈 벌어서 부자가 되고 오래 사는 것은 인생의 목표가 아니다. 이는 유인원과의 인간종이 구하는 생태적 본능일 뿐이다.

아리스토텔레스는 인생의 목표는 선해지는 것이라고 했다. 아리스토텔레스가 말한 선함이란 행복해지는 것이다. 호모 사피엔스로 불리려면 먹고 자는 일보다 근원적인 인생의 행복을 목표로 삼는 게 바람직하다.

그러면 책이 즐거워진다. 책이 소중해진다. 책을 읽지 않고는 배겨낼 수가 없다.

독자론讀者論을
생각하다

왜
독자론인가?

이번에는 조금 어려운 이야기가 될 수도 있겠다. 어쨌든 한 번은 짚고 넘어가야 될 문제라고 생각하여 펜을 든다.

만드는 사람과, 만든 것에 적당한 대가를 지불하고 사용하는 사람 사이에는 차별이 있다. 만드는 사람 뜻대로 만든 것에, 소비하는 사람이 생각과 마음을 맞추어야 한다. 이는 엄연한 차별이다.

독서에도 이런 차별이 존재한다. 책을 쓰는 사람에 비해 책을 읽는 사람은 거의 주목받지 못한다. 권리라든가, 권한에서 특별히 가진 것이 없다.

독자는 왜 책의 주인이 되지 못하는가?

독서라는 행위에 독자가 배척되고 있음을 생각해보면 정말 이상한 일이 아닐 수 없다. 작가가 절대적인 권위를 누렸던 옛 시대에는 그것이 통용되었는지 몰라도 다변화된 매스컴이라든가, 소비자는 왕이니 하는 개념이 당연시되고 있는 현대에도 독자의 지위가 이토록 낮은 것은 이해가 되지 않는다.

더구나 요즘같이 평등과 인권을 중시하는 세상에서 독자 스스로 자신의 지위 상승에 주목하지 않는 것 또한 신기한 일이다.

작가와 비교했을 때 독자의 역할은 읽어주는 게 전부이다. 게다가 '이건 재미있고 유용하고 감동적인 책', '이건 재미없는 책' 이라는 맛집 평가 수준의 감상에 그치는 것을 보고 있으면 안타깝고 서글프다.

책을 쓴 저자는 책의 인기와 더불어 주목받는다. 책이 인기를 끌지 못하더라도 저자는 명성과 존경을 얻는다. 물론 팔리지 않는 책 때문에 비운을 맛보아야 하는 무명 작가도 많겠지만, 성공한 작가라는 말은 들어봤어도 성공한 독자라는 말은 들어본 적이 없다.

왜 독자는 독서의 주인공임에도 주목받지 못하는가? 책은 독자를 위해 생산되고 있음에도 독자는 왜 책의 진정한 주인이 되지 못하는가?

독자는 수용자라는 고정관념

이유는 여러 가지다. 지엽적인 것을 일체 생략하고 본론만 이야기한다면 독자에 대한 잘못된 사고방식, 그릇된 정의가 있다.

오래전부터 독자의 역할은 한정된 수준에 머물렀다. 저자가 책을 통해 말하고자 하는 생각, 주장, 사실을 제대로, 그러니까 '있는 그대로' 이해할 수 있어야 된다는 틀에 독자는 갇혀 지냈다. 독자가 책을 이해해야 한다는 것이 상식처럼 여겨졌다.

작자와 작품을 있는 그대로 받아들이라는 강제성이 우리의 독서를 지탱하는 뿌리였다. 책은 독자에게 구애받지 않지만, 독자는 책과 저자에게 구애받아왔다.

이 같은 고정관념이 독서의 세계를 지배하는 이상, 독자가 한 명이든, 수십만이든 독자라는 이유만으로 우리는 기억에서 사라진다. 독자 때문에 책이 존재하지만, 독서에서 독자의 역할은 보조가 될 수밖에 없다.

선택권을 빼앗긴 독자

우리의 인식이 '베스트셀러=좋은 책', '베스트셀러가 아닌 책=그저 그런 책'으로 고착화된 것도 따지고 보면 우리가 판단을 내린 고유의 사고가 아닌 출판계의 생각을 억지로 수용당한 것이다.

출판사와 저자 입장에서는 날개 돋친 듯 많이 팔린 베스트셀러가 좋은 책일 수밖에 없다. 하지만 독자 입장에서는 많은 이들이 읽었다고 해서 내 인생에 꼭 필요한 책이라고는 말할 수 없다. 삶은 독자적이며, 나는 남과 다른 개성을 갖고 있기 때문이다. 그러나 현실은 책을 만드는 사람들 주도 하에 책을 읽는 사람들의 권리와 의무가 정해지고 있다.

하나의 해석을 강요당하다

저자의 의도, 작품의 의미를 '있는 그대로' 독해하는 것이 독자의 임무라고 우리는 학교와 사회에서 배웠다. 방학숙제로 제출했던 독서 감상문부터 서평, 기사, 광고 등이 모두 책을 읽고 이해하지 못하는 우리를 죄인처럼 몰아붙였다. 무식해서, 책을 안 읽어서 책을 이해하지 못하게 된 것이라고 쏘아붙였다.

그렇게 몰아붙이는 바람에 책을 바라보는 우리의 시선에 두려움이 깃들었고, 당연히 책은 재미없는 것이 되었다.

그러나 내가 70년 넘게 책을 읽으면서 깨달은 한 가지는 '있는 그대로' 책을 읽는다는 게 실제로는 불가능하다는 것이다. 가령 저자 스스로 이 단락 혹은 이 문장이야말로 나의 진의라고 실토

하더라도 독자 입장에서는 과연 그 말이 사실일까, 라는 의문이 발생한다. 도무지 그런 뜻으로 생각되지 않는 경우도 종종 있다. 책을 쓴 본인에게 "이러이러한 주장을 하려 했다."는 말을 들어도 책을 읽는 나는 정반대의 생각을 가질 수 있게 되는 것이 독서다.

여기서 누구 말이 옳은지 누가 결정할 것인가? 책을 쓴 저자가 "내 책은 동그라미다."라고 고백해도 책을 읽은 내가 "이 책은 네모다."라고 느꼈다면 둘 중 누가 옳은 것인가? 누구 말이 옳은지를 증명해줄 이는 누구인가?

독자를 소외시킨 이들

그래서 평론가와 문학기자라는 직업이 생겨나게 되었는지도 모른다. 그러나 문제는 평론과 서평을 읽을수록 책의 의미가 더욱 난해해진다는 것이다. 그들이 책에 대해 말을 많이 할수록 독서는 우리 곁에서 더 먼 곳으로 떠나간다.

남겨진 독자는 자신의 능력 부족을 되돌아보며 절망하고 작품을 이해하지 못하는 책임이 자신의 어리석은 지성에 있다고 한탄하게 된다. 독자의 절망이 깊어지는 만큼 저자의 위치는 보다 높아진다. 책에 대한 두려움이 저자에 대한 존경으로 바뀌게 된다. 소위 말하는 인기 작가, 문학의 대가, 텔레비전에 자주 패널로 등장하는 심리학 교수들을 숭배하는 사회현상이 나타나게 되는 것이다.

그리고 그들의 말 한마디가 절대적 기준이 되어 나를 판단하고, 나를 비난하고, 그들이 쓰는 것과 말하는 것을 소비하게 만든다. 독자가 대중으로 변질되는 과정이다.

어렵게 쓴 책이 존경받는 이유도 같은 맥락에서 바라볼 수 있다. 독자의 지나친 자기비하를 작가는 철저히 이용한다. 이해되지 않는 글을 쓴 것만으로는 부족해서 '작가론'을 들먹이며 책에 대한 해독서까지 내놓는다. 표현 전달이 미숙한 작가의 글쓰기가 복잡하고 신비로운 천상의 글이 되어 지상의 미천한 독자들을 어지럽게 만든다.

독자론이 존재하지 않기 때문에 독자가 만들어낸 현상까지 작가론, 작품론에 포함되어버린다. 그래서 독자가 만들어놓은 열매까지 저자와 그가 내놓은 작품의 몫이 되어버렸다.

작가론은 있어도 독자론은 없다

글쓰기는 고행의 과정이었다, 머리말을 쓰느라 원고지 수십 장을 구겨버렸다, 그 문장 하나를 만드는 데 며칠이 걸렸다는 등의 창작 경험은 사실 책을 읽는 우리들에겐 쓸데없는 이야기다. 책의 내용이나 수준과도 전혀 관계가 없는 일이다. 그럼에도 우리는 인고(忍苦)의 작품을 우러른다. 세상과 인연을 끊고 몇 년씩 골방에 갇혀 썼다는 소설 앞에서 작가의 고투를 칭송한다.

반면에 작가가 쓴 형편없는 글을 읽어주고, 이해해주고, 때로는 작가 자신도 생각하지 못한 의미를 덧씌워주는 독자의 고행에는 아무런 가치도 부여되지 않는다. 쓰는 것만큼 읽는 것도 어렵다는 점을 이야기하지 않는다.

책을 읽는 것은 책을 쓰는 것만큼 어려운 일이다. 책의 시작은 저자가 했더라도 책의 완성은 독자의 머릿속에서 마무리된다.

책은
자살을
선택한 것일까?

문학에는 문단이라는 곳이 있다. 공급자인 소설가나 시인, 수필가의 생산이 넘쳐나지 않도록 기성 작가들이 지망생들 가운데 소수를 선별하고 걸러내는 일종의 길드, 혹은 카르텔 같은 것이다.

문단이라는 곳에서 만들어놓은 시험과정을 무사히 통과한 소수에게만 소설가, 시인, 수필가, 작가라는 직함을 주고 그런 사람들만이 자신이 쓴 글을 책으로 낼 수 있게끔 공급을 조절하는 것인데, 쉽게 말해 공인받은 작가가 아닌 이들의 글이 사람들에게 알려지지 않도록 하는 게 목적이라고 할 수 있다.

독자 곁을 떠난 문단

이 때문에 문학계는 폐쇄적인 곳이 되었다. 소설가, 시인, 수필가라는 관등성명을 부착해주는 선배 작가들의 취향에 맞는 글을 쓰는 데만 전념하게 된 것이다.

해마다 수많은 신인 문학가들이 등단하고 데뷔하지만 그들이 쓴 작품은 거의 대부분 독자 곁에 가보지도 못한다. 대중의 관심을 끌지 못한 채 사장된다. 세계 그 어떤 나라보다 한국의 문학계는 심각한 코마 상태다. 정부 지원 없이 독자생존이 불가능할 지경이다.

상황이 이러한데 쏟아지는 소설, 시집, 에세이 등은 넘쳐난다. 등단했다는 이유만으로 그들에게 얼마 안 되는 기회가 독점되고, 그들은 대중이 아닌 문단이라는 카르텔에서 인정받을 수 있는 책을 출판한다. 악순환이다.

출판 카르텔이 소수의 은밀한 집단으로 축소될수록 독자는 읽을 만한 책을 구하지 못해 답답하고, 저자와 출판사는 책을 내놓아도 독자들이 찾아주지 않아 하나둘씩 공멸한다.

작가들은 스스로 귀양을 택했나?

이에 대해 일본의 도야마 시게히코 교수는 이렇게 분석했다.

그동안 저자는 독자에 대한 우월감, 혹은 자신감 같은 것을 갖고 있었다. 그런데 저널리즘이 부흥하면서 저자의 지배체계에 독자가 의견을 개진하게 되었고, 자기 영역이 침범되고 있음에 분노한 저자들은 권위를 지키기 위해 독자로부터 멀리 떨어지는 자발적 귀양을 택하게 되었다.

현실에서 유리된 채 자신의 정신적 신비로움만 주야장천 요구하게 된 것이다. 표현도 모방을 허용하지 않는 독창성을 중시하게 되어 급기야 개성을 뛰어넘는 희귀성을 갖게 되었다.

이를 두고 독자는 현실과 동떨어진 그들만의 앓는 소리에 피로감을 느끼게 되었다. 특히 소설과 시 같은 문학이 상당수 독자에게 외면받게 되었다. 사람들이 찾지 않게 되면서 그들은 귀양을 떠날 명분이나 사회적 위치에도 오르지 못하는 처지가 되었다.

작가의 기득권은 무너졌다

작가, 출판사가 독자보다 사회적으로 우위에 위치했던 까닭은 오랫동안 극히 일부 사람들에게만 출판과 저작이 허용되었던 탓이다. 불과 얼마 전까지만 해도 표현은 특권 계급의 전유물이었다.

도야마 교수도 지적한 바 있지만 인쇄 기술의 발전과 더불어 글자를 읽고 쓸 수 있는 게 더 이상 대단한 능력이 될 수 없게 되면서 작품과 저자를 둘러싼 신비성도 퇴색되었다. 특히 대량 인쇄가 가능해지면서 제작자는 독자를 개척하는 데 열을 올렸고, 판매를 위해 광고와 언론을 이용하기 시작했다.

저널리즘은 책과는 별개로 발생하고 발달했다. 그래도 간접적으로나마 책 시장에 큰 변화를 일으켰다. 저널리즘이 확대되면서 글을 써서 먹고 사는 매문업자가 출현했다. 이들은 책으로 먹고 사는 저자와 달리 독자에게 거리낌이 없다. 독자도 이들에게는 불편함을 느끼지 않는다.

이제 책은 특정 계층의 소유물이 아닌 대중의 것이 되었다. 누구나 글을 써서 책으로 낼 수 있는 시대가 되었다. 문단에서 인정받은 사람이 아니라도 대중의 인기를 얻으면 자기 책을 낼 수 있고, 그런 책이 더 각광받고 있다.

저자는 늘었으나 책의 질은 떨어진 현실

저자와 출판사가 늘어나는 것은 소비자인 독자에겐 희소식이어야 한다. 그러나 현재까지의 상황을 지켜봤을 때 저자는 늘어났지만 그들의 수준이 독자와 현실을 따라오지 못하는 경우가 너무 많다. 책이 아닌 상품으로서의 판매를 중시하는 출판 풍조 때문이다.

　분기별, 연별, 월별, 주간별 베스트셀러는 호화찬란하다. 단순히 베스트셀러 목록만 나열했을 때는 읽을 만한 책도 많고, 출판도 성행하는 것 같지만 베스트셀러란 산발적이며, 찰나적이다. 빨간 옷이 유행하면 다 같이 빨간 옷을 입고, 레인부츠가 유행하면 한겨울에도 레인부츠를 신은 사람들이 떼거리로 몰려다니는 현상을 닮았다.

　유행의 흥미가 사라지는 순간 베스트셀러도 시장에서 찾아볼 수 없게 된다. 그 빈자리를 새로운 베스트셀러가 차지하는데 직전의 베스트셀러와는 동떨어진, 그러니까 지난번에 구매한 책과 전혀 반대되는 이야기가 옳다고 주장하는 식이어서 지식의 지속성을 방해하는 위해요소가 되기 일쑤다. 책의 세상이 더 이상 지성의 창고가 되지 못하고 있다는 이야기다.

문학의 죽음과 독자의 멸종

　문학은 일종의 연구소다. 이곳에서 글과 사상, 감정이 발전하기 때문이다. 그래서 문학은 일반 독자에게도 중요하지만 책을 쓰려는 작가들에겐 더욱 중요하다. 자기계발, 경제 · 경영, 건강·생활, 육아·교육처럼 문장과 표현이 중시되지 않는다고 생각되는 책들조차 문학을 통해 그 완성도와 지표가 높아질 수 있기 때문이다.

따라서 문학의 고립, 나아가 문학의 죽음에 의한 독서의 멸망이 도래할 가능성을 우려하지 않을 수 없다. 책의 수준이 떨어지고 또 떨어져서 대중이 외면하게 되는 날이 오면 그것은 곧 독서의 멸망이고, 독자의 멸종이다.

독자의 멸종은 우리 삶의 소중한 아이덴티티 중 하나가 사라지는 것을 의미한다. 인생의 폭이 그만큼 좁아지거나 줄어들게 됨은 더 말할 필요도 없다.

독자가
저자를
지배해야 한다

우리가 책을 살 때는 다른 물건을 살 때와
는 조금 다른 마음이 된다. 어려서부터 책은 다른 물건보다 귀하
게 다루라고 배워왔다. 책은 단순한 '물건'이 아니기 때문이다.

지금도 책을 한 개의 상품이라고 느끼는 독자는 많지 않다. 독
자 스스로 자신을 책 소비자라고 생각하는 경우도 거의 없다. 다
들 이런 생각에는 저항을 느낀다. 그러나 엄밀히 말해 책을 사는
사람은 경제학적으로 봤을 때 소비자이며 고객이다.

독자는 너무 점잖은 소비자

고객은 왕이라는 말이 있다. 경제 사정이 나빠지면서 소비자
의 지갑을 열기 위해 필요 이상으로 서비스가 늘어났고, 어느덧

물건을 구입하는 소비자의 발언권이 매우 중시되는 세상이 되었다. 여태까지는 파는 쪽이 사는 쪽보다 우위에 있었지만, 양자가 대등하게 되었고, 이제는 후자가 보다 위대한 취급을 받기에 이르렀다. 파는 쪽이 비위를 맞춰줄수록 사는 쪽이 자기 힘을 자각하게 된 것이다.

갑작스레 힘이 생긴 소비자는 멋대로 행동하기도 한다. 처음에는 비위를 맞춰주려고 '고객은 왕'이라고 말한 것인데 진짜 왕 노릇을 한다. '블랙컨슈머(black consumer)' 때문에 기업마다 난리다.

이처럼 왕이나 폭군처럼 행동하는 소비자에 비해 책 소비자는 상당히 의젓하다. 파는 쪽에게 왕처럼 요구하거나 행동하는 것을 상상하기 힘들다. 독자는 일반 소비자에 비해 소비자의 권리를 요구하는 일이 거의 없다. 여전히 약자의 입장을 감수한다.

독자는 굉장히 자기 억제적인 소비자다. 이 때문에 독서 민주주의가 지연되고 있다는 생각이 든다. 베스트셀러는 결국 독자 손에서 만들어짐에도 독자 스스로는 그런 능력을 깨닫지도, 인정하지도 못하고 있는 실정이다. 베스트셀러 혹은 명작을 가능케 한 책의 주인이 독자였음에도 독자들은 지나친 자기비하로 무의미한 소비자에 만족하고 있다.

독자와의 수평적인 대화

그렇기는 해도 과거의 독자에 비하면 현대의 독자는 상당히 강해졌다. 자기 억제적인 말 없는 소비자였던 독자가 점점 자의식을 되찾게 되었다. 소비자로서의 목소리를 감추지 않는 현대적인 독자의 출현이다.

현대적인 독자의 출현에 저자와 출판사는 불편한 속내를 감추지 않는다. 하지만 독서의 새로운 관계를 수립하기 위해 결국 책은 독자 앞에 머리를 숙이게 될 것이다.

지금까지는 일방적으로 저자가 생각하는 것을 표현하는 데 중점을 뒀다면 현대적인 독자들 앞에서는 발상을 전환해 독자를 먼저 생각하고, 때로는 독자가 만족할 수 있게끔 설득하는 능력이 있는 작가만이 살아남게 될 것이다.

저자와 독자의 힘이 엇비슷해진다면 독서는 비로소 수평 전달이 될 것이다. 진정한 대화가 독서를 통해 이루어진다는 뜻이다. 그때는 작가의 문장력, 독특한 사상, 전문적인 지식, 시대의 조류보다도 독자의 마음을 설득하는 진정성에 의해 작가의 우열이 결정될지도 모른다.

수평 전달은 높은 곳에서 아래로 메시지를 울려 퍼지게 하는 것이 아니라 발신자가 자신과 대등하다고 생각되는 수신자에게 메시지를 건네는 방식이다. 이는 저자의 주장을 독자에게 선포하는 종래의 일방통행적 독서에서 벗어나 독자의 반응을 확인하며 자기를 표현해야 됨을 의미한다.

과거에는 이런 식의 글쓰기가 특히 문단에서 통속적이라며 무시되었지만 현대적인 독자가 증가함에 따라 모든 문학작품, 모든 실용서에서 독자의 설득을 최우선 가치로 삼게 될 것이다.

독자는 저자와 대등해졌다

소비자인 독자는 이를 자각하고 '나는 책보다 우위에 있다'는 것을 명심해야 한다. 독서는 전달 체계다. 과거의 독서는 존경받아 마땅한 삶의 현자들로부터 새로운 지식과 지성을 원액 그대로가 아닌 작가의 글을 통해 반쯤 소화된 형태로 우리에게 유입되었으나, 이제는 그런 경험을 찾기가 매우 어려워졌다. 오늘날의 책 읽기는 흡수와 이해보다는 비판과 분리 능력을 더 필요로 하고 있다. 즉 우리의 위상이 책보다 우위에 서게 된 시대인 것이다.

다행인지 불행인지는 모르겠으나 전달상의 지위에서 저자와 독자의 차이는 거의 없어졌다. 웬만한 독자들은 지금 자기 손에 들려 있는 책들 중 상당수를 자신들도 충분히 쓸 수 있을 것이라고 생각한다. 물론 약간의 노력과 세련된 문장력이 필요하겠지만 어디까지나 기술적인 차이일 뿐, 경험과 지식의 축적에서는 웬만한 작가들에게 크게 뒤지지 않는다.

책을 읽고 감탄하는 횟수도 점점 줄어들고 있다. 날로 발전하는 교육은 독자의 자질을 질적으로 향상시키고 있다. 경제적으로도 독자는 저자보다 유리한 입장에 서 있다. 지적으로도 저자와 비슷한, 혹은 더 높은 수준의 교육을 체득한 독자가 대다수다.

앞으로 또 세상이 어떻게 변할는지 우리는 예상할 수 없으나, 독서에서 독자가 저자를 이끌고 가르치고 깨우쳐줘야 된다는 현실은 당분간 변하지 않을 듯싶다.

도야마
교수의
독자론

 그동안 주로 작가 사이트에서만 논란되어 왔던 표현과 독서의 문제를 읽기의 주체인 독자의 입장에서 고구(考究)하며 작가와 독자의 단절을 메우려고 꾸준히 시도하고 있는 학자가 있다. 일본 오차노미스 여자대학 명예 교수인 도야마 시게히코 교수이다.

텍스트, 레토릭(수사학), 독서, 독서론, 그리고 평이하고 논리적인 일본어를 개척한 에세이스트로서도 정평이 나 있는, 내가 특별히 좋아하는 학자다.

독서는 글을 소화하는 것

그의 저서 중에 《독자의 세계》라는 책이 있다. 작가와 독자의 입장을 역전시킨 획기적인 현대 독자론이다. 이 책에서 그는 다음과 같이 썼다.

인간의 정신은 상자가 아니다. 그 안에 뭔가를 담아낸다는 것은 비슷해도, 상자처럼 정해진 틀이 아니다. 상자는 규격에 맞지 않는 무언가를 담지 못하지만, 인간의 정신에는 규격이나 틀, 공간의 한계가 없어서 새로운 무엇인가가 나타나면 그 새로운 것의 형태에 맞게 스스로를 변화시킨다. 이렇듯 끝없이 변화하는 것이야말로 정신활동의 핵심이다.

따라서 읽는 작업도 새로운 정보를 머릿속에 주입하는 것으로 그쳐서는 안 된다. 새롭게 들어온 지식을 받아들이기 위해 기존에 내가 보유하고 있던 지식과 경험이 동원되어 새 것을 수용할 수 있는 정신의 변혁이 실천되어야 하는 것이다. 이는 화학적 변화를 닮았다.

정신의 화학변화는 인체의 소화계통과 비교할 수 있다. 음식을 먹을 때 제일 먼저 입안에서 충분히 씹는다. 씹지 않고는 다음 단계로 넘어가지 못한다. 위는 식도가 전달한 다져진 음식물에 위액을 섞어 비로소 소화작용을 시작한다. 그렇게 소화된 음식물은 피가 되고 살이 된다.

피와 살은 또 에너지로 전환된다. 그 과정에서 불필요한 것들은 배설물이 되어 몸 밖으로 방출된다.

위가 소화할 수 없는 것들을 우리는 먹지 않는다. 소화시킬 수 없는 것들을 가리켜 우리는 음식물이라고 부르지 않는다. 또 음식물을 먹었다고 해서 그 자체로 소화가 되는 것도 아니다. 이빨로 씹고, 혀로 녹이고, 식도를 지나 위와 소장에서 분해되고, 대장을 거쳐 마무리된다.

독서도 이와 같다는 것이다. 글자를 형태 그대로 받아들이는 사람은 없다. 그래서는 아무것도 이해되지 않는다. 눈으로 읽은 글자를 머릿속에 미리 저장되어 있는 지식을 동원해 납득할 수 있는 감정과 생각으로 분해시켜야 한다. 이것은 위의 기능과 똑같다.

소화시키지 못하는 것은 독서가 아니다. 그것은 문자 해독일 뿐이다. 독서는 책의 내용을 자기 것으로 만드는 과정이 필수적이다.

독자는 제2의 창작자다

도야마 교수의 말을 보아도 책에서 독자의 역할은 매우 중대하다. 요리는 그것을 먹는 사람이 맛있게 먹고 양분을 섭취해야 비로소 요리로 완성된다. 그처럼 독서도 읽고 흡수하는 독자가 있어야 완성되는 것이다.

저자의 글솜씨도 중요하지만 독자의 소화 능력 또한 중요하다. 위가 약하거나, 위염 등 문제가 있는 사람에게는 아무리 맛있는 요리라도 소용없다.

만약에 화학변화가 불가능한 문장을 만났다면 어떻게 될까? 버려질 수밖에 없다. 아니, 처음부터 받아들이기를 거부하게 될지도 모른다. 이는 선택권이 독자에게 있다는 뜻이기도 하다.

글이 책으로 나온 즉시 그 글은 이미 작가의 손을 떠난 것이다. 공은 독자에게로 넘어온다. 그래서 독자는 제2의 창작자다. 독자에게 소화된 책이 바로 책의 완성인 것이다.

글자를 읽는 사람을
가리켜 독자라고
말하지는 않는다

도야마 교수는 독서가 능동적이고 창조적인 활동이라고 했다. 독서를 통해 인간의 정신이 성장할 수 있을 만큼 독서는 고도의 정신 활동이다.

그런데 여기서 말하는 독서는 단순히 글자를 읽는 것을 뜻하지 않는다. 글자 해독과 독서는 엄연히 다른 것이다.

책을 읽을 때 주의해야 될 점은 보이는 모든 것이 책은 아니라는 점이다. 읽는다는 작업은 일종의 선택작용이다. 주어진 자극의 극히 일부분만 택하고 나머지는 버린다. 음식을 먹을 때 젓가락이나 이쑤시개를 먹어서는 안 되는 것과 같다. 책을 읽을 때 연필에 새겨진 상표나, 손톱에 바른 매니큐어에 반응해서는 안 된다.

여기서 한 발 더 나아가면 책에 적힌 표현에까지 이런 기준을 적용시킬 수 있게 된다. 읽어야 될 문장과 읽지 않아도 될 문장을 구별하게 되는 것이다. 책 한 권이 통째로 머릿속에 입력될 수도 없고, 그래서도 안 된다. 필요하다고 생각되는 문장과 내용을 자동적으로 선별할 수 있어야 한다. 선별된 작업, 정보만이 머릿속에 이입되고, 기존의 지식, 정보, 감정이라는 위액에 뒤섞여 새로운 지적 창조의 기반이 만들어진다.

사람들은 읽은 글자를 그대로 외우는 암기에 능통하다. 학교 시험에서 매우 효과적이었던 탓이다. 그로 인해 올바른 이해란 곧 암기라고 생각하는 경우가 있다. 그래서 책을 제대로 읽었는지 확인할 때 책 내용을 얼마나 기억하고 있는지 따져보곤 한다.

그런데 이것은 제대로 된 독서가 아니다. 책에 나오는 말을 기억한다는 것은 마치 오늘 아침 배설물에서 어제 점심에 먹은 고기의 원형을 찾아내려는 것과 다를 바 없다.

독서는 암기와 같은 소극적인 활동이 아니다. 능동적이고, 때로는 창조적이기까지 한 행위임을 명심해야 한다. 그렇지 않고서는 책으로 인간의 정신이 성장하는 이유를 우리는 설명할 수가 없다.

지식을 얻는 것만이 독서의 모든 의미는 아니다. 진짜 독서란 책에서 읽은 내용이 정신의 골육으로 변화했을 때를 말하는 것이다.

글을 읽는 것은 간단한 활동이 아냐

학교 교육에서 가장 중요시되는 것은 글자를 읽을 수 있는 능력이다. 그런데 교육이 보급됨에 따라 글자를 읽는 기능은 누구나 할 수 있는 시시한 기술이 되었다.

하지만 글자를 읽는다는 게 겉보기에는 쉬워 보이고 당연하게 생각되어도 그 과정을 살펴보면 결코 쉬운 일이 아니다. 인간의 능력은 상당히 복잡하다. 일상에서 아무렇지 않게 보이는 작업들이 실은 매우 복잡하고 예민한 단계를 거치는 것이다.

가령 수학적인 계산은 매우 어렵게 생각되지만, 계산기나 컴퓨터 같은 기계에 시켜보면 간단히 처리된다. 인간이 할 수 없는 계산을 기계는 손쉽게 처리한다.

이와는 달리 양복단추를 꿰매는 동작은 초등학생 여자아이도 쉽게 해낸다. 그런데 이것이 생각하기에는 상당히 쉬운 작업 같지만, 이런 일을 해낼 수 있는 기계를 만들기 위해서는 엄청난 돈이 투입된다. 기계 입장에서는 어려운 수학보다 단추 하나 꿰매는 게 더 어려운 셈이다.

글을 읽는다는 것도 이와 같다. 보기에는 별것 아닌 것 같아도 실은 인간만이 할 수 있는 고도의 기술이다. 고성능 컴퓨터가 글 자를 해독할 수는 있어도 인간의 다양한 언어 상황을 이해하고 응용하기는 어렵다. 글을 읽음으로써 사고의 폭이 넓어지고 깊 어지는 것도 인간만이 할 수 있는 일이다.

독서는 사고의 폭을 넓힌다

그런데 다른 문제를 생각해보자. 요즘 글자 해독 능력이 있음 에도 불구하고 글을 이해하지 못하는 이들이 늘고 있다. 텔레비 전이나 인터넷, 스마트폰의 급속한 발달과 보급은 우리를 글자 는 읽을 수 있으나 이해와 응용은 어려운 기계처럼 만들고 있다. 문명의 발달이 문명의 토대가 되는 문자 해독을 방해하고 있다 는 게 참으로 얄궂게 느껴진다.

이런 결과의 원인으로 많은 사람들이 독서 부족을 꼽는다. 독 서는 인간의 사고를 성장시킨다. 하지만 단문과 즉각적인 감흥 만을 일으키는 현대 미디어의 언어는 그런 기능을 하지 못한다.

간혹 텔레비전이나, 인터넷, 스마트폰만 있으면 필요한 정보 를 충분히 얻을 수 있다고 주장하는 이들도 있다. 그런데 이들

07 독자론(讀者論)을 생각하다

매체에는 읽기의 본질인 이해력은 빠진 채, 보고 듣는다는 일방적인 수용만이 가득하다. 의식되지 않는 사이에 우리의 지성을 저하시키고 있는 것이다.

우리는 어떤 독자였는가?

글자를 읽을 수 있다 하여 책을 읽을 수 있는 건 아니다. 우리는 어떤 독자인지 돌아보아야 할 일이다. 감히 말하자면 독자의 질이 떨어지며 책의 질도 함께 떨어졌다. 인간 특유의 깊은 사고를 귀찮아하며 손쉬운 글만 찾는 독자에게 선택받기 위해 책은 화장만 짙게 하고 유혹하려 하고 있다. 그것이 지금과 같은 질 낮은 출판 문화를 형성한 또 하나의 이유가 아닐까?

독자의 권리가 강조되는 만큼 독자의 책임이나 의무 또한 중요하다. 현대 출판 문화에서 독자의 역할이 얼마나 지대한지를 자각해야 한다.

한국 작가들의 형편없는 글솜씨

우리는
헛소리를
읽고 있다

얼마 전에 재밌는 책 한 권을 읽
게 됐다. 소설이 아닌데도 소설보다 열 배는 더 재밌는 책이다.
《우리말 소반다듬이》(권오운)라는 책이다. 이 책의 머리말부터
가 흥미진진했다.

……장가들러 가는 놈이 불알 떼어 놓고 간다는 말이 있다.
우리말 공부도 제대로 하지 않고 소설 씁네 하는 작가들을 물고
늘어질 때 꺼내는 속담이다. 과연 그렇지 않은가? 남부끄러운 일
이지만, 책만 냈다 하면 수십만 부씩 팔리는 베스트셀러 작가가
(그것도 역사소설을 쓰면서) 죄인에게 볼기를 칠 때 엎어 놓는
'장판(杖板)'을 몰라서 '곤장틀'이랬다, '형틀'이랬다, 엉뚱하

게 '매탈'이라고 둘러대지를 않나, 또 한 작가(밀리언셀러 작가라고들 하는)는 '무청'도 몰라서 무 대가리를 들이대질 않나, 눈에(티가 아니다) '티눈'이 들어갔다지를 않나, 그 행태가 참으로 심각한 수준이다.

이런 사례까지 시시콜콜 머리말에다 늘어놓는 까닭이 있다. 알 만한 사람들 가운데서도 '까짓 문법 나부랭이 가지고 뭐 그리 따따부따냐'는 축들 때문이고, 또 하나는 일반 독자들 때문이다. 먼저 '나부랭이' 운운하는 축들에게 묻노니, 앞의 사례들이 '문법 나부랭이'인가? 어디 한 번 대답해 보라! 다음으로는 일반 독자들이다. 독자들은 내 지적을 믿으려 하지 않는다. '설마 그럴까'다. 평생을 우리말 전도사로 살고 간 이오덕이 가슴을 치며 한탄했던 말이 새삼 되살아난다.

'땅 팔 노릇이다!'

저자는 유명 작가들의 잘못 쓴 문장들을 이 잡듯이 잡아내는 우리말 지킴이다. 국내에서 내로라하는 50여 명 작가들 가운데 이 저자에게 걸리지 않은 작가가 없다. 이청준, 이문열, 조정래, 김훈, 은희경, 신경숙, 공지영, 윤대녕, 이순원, 김연수, 윤후명 등 우리 문단의 중견 소설가부터 갓 등장한 김애란은 물론 정이

현, 한강, 이만교, 박성원, 한창훈 등의 작품들도 난도질당하고 있다.

요즘 국내 작가들이 쓴 책을 읽다 보면 입맛이 쓰다. 제대로 된 좋은 문장 만나기가 정말 쉽지 않다. 텔레비전 드라마나 일상 회화에서 쓰는 말이라면 모를까, 도저히 책에는 어울리지 않는 문장들이 '독자와의 거리를 좁힌다' 는 목적 하에 우리 눈앞에서 비척거리기 일쑤다. 낱말 뜻도 모르고, 목적어도 없는 귀신 씻나락 까먹는 소리가 난무하는 것이다.

이런 판국에 우리 독자들이 해야 할 일은 강 건너 불구경이 아니다.

작가들이
망쳐놓은
우리말

읽는 사람에게 많은 부담을 주는
글은 외면받아 마땅하다. 우리가 책을 고를 때 내용뿐 아니라 문
장도 따져봐야 하는 건, 아무리 몸에 좋은 식재료라도 부드럽게
익히고 조리하지 않으면 목으로 넘길 수 없는 것과 같은 이치다.
읽으면 짜증이 나는 글, 뜻의 갈피를 종잡을 수 없는 글이 어떻
게 독자로부터 공감을 얻어낼 수 있을까.

글에 멋을 부리는 작가들

우리나라 작가들의 가장 큰 특징을 한 가지 꼽으라면 동사, 형
용사의 명사화다. 이게 무슨 말인고 하면, 예를 들어 '김씨에게
죽었다' 라고 표현해도 될 것을 굳이 '김씨에게 죽임을 당했다'

는 식으로 표현하는 것이다. 1960년대부터 본격화된 오랜 악취미다.

요즘 추세는 어깃장 같은 미사여구인데, 우리나라 작가들이 즐겨 쓰는 표현법대로 말을 만들자면 '불확실성의 수식' 쯤이 될 것이다. '불확실성의 수식'이란 쉽게 말해 지금껏 많이 들어온 표현인데 이상하게 한 번 더 읽어봐야 될 것 같은 문장이다. 이런 식이다.

"그 남자는 뻔뻔스럽게 시치미를 떼고 있다."라는 표현은 삼척동자도 말귀를 알아듣는다. 그래서 작가들은 조금이라도 자기만의 개성을 첨가하여 여타 작가들과 나는 문장 자체가 다르다는 것을 보여주고자 이렇게 고친다.

"그 남자는 뻔뻔스러운 시치미를 떼고 있다."

언뜻 이해가 된다. 어쨌든 이 문장만 놓고 봤을 때 그 남자는 좋은 남자는 아닌 게 분명하다. 소설 속 장면이라면 충분히 넘어갈 수 있다. 문제는 문장의 참뜻을 해석하려 했을 때다. 남자가 뻔뻔하다는 걸까, 아니면 남자가 뗀 시치미가 평소 우리 상식에서 생각할 수 있는 수준을 넘어선 뻔뻔한 발상이라는 걸까? 독해마저 어렵게 만드는 문장이 되어버렸다.

최근에 읽은 소설에서는 "불편해오는 베갯머리"라는 표현이 있었다. 베갯머리란 '베개를 베고 누웠을 때에 머리가 향한 위쪽의 가까운 곳'이다. 베개를 벤 머리가 불편하면 불편했지, 베개 위쪽 이불이 어찌 불편해질 수 있을까. 아무리 문학적 표현에 의인화라는 것이 존재한다고 해도, 내가 읽은 소설은 심령소설과는 거리가 멀었는데 작가는 왜 이부자리의 내색까지 담아내려 했던 것일까.

문학성과 말장난을 구별 못해

우리나라에서 문장을 꼬아대기로 가장 유명한 작가는 단연 이문열이다. 가장 최근에 발간된 장편 《호모 엑세쿠탄스》가 신문에 연재된다는 소식을 듣고 호기심이 발동해 며칠 읽어보았는데 너무나도 어색하고 억지스러운 표현들이 많아 읽느라 진땀을 빼다가 그만 두 손 들어버린 기억이 있다.

특히 기억나는 것을 꼽자면 "그 실망은 불현듯한 그리움으로 노랑머리를 떠올리게 했다."라는 문장이다. 이 문장을 몇 번씩 읽으며 사전을 뒤져봤다. 왜냐하면 우리말에 '불현듯한'이라는 표현은 있을 수 없기 때문이다. '불현듯하다'라는 말이 존재하지 않아서다.

'갑자기 어떠한 생각이 걷잡을 수 없이 일어나는 모양'이라는 뜻의 부사 '불현듯' 또는 '불현듯이'가 있을 뿐이다.

또 하나 이문열 작가가 자주 쓰는 표현 중에 "무턱댄 공포"가 있다. 이 또한 억지스럽기는 마찬가지다. '무턱대다'라는 표현이 없는데 어떻게 '무턱댄'이라는 말이 나올 수 있을까. 설마 수십 년간 소설을 써오며 우리글을 다뤄온 문학계의 거두가 '무턱대고'라는 부사의 어원이 '무턱대다'라고 지레짐작해왔던 것일까.

우리말 본래의 아름다움을 잊고 있는 건 아닐까

우리말은 영어를 비롯한 기타 외국어들과는 표현의 폭이 비교조차 되지 않는다. 무수히 말을 만들어내고 조합할 수 있는 구조다. 그렇다 보니 문학의 경우 내용의 가치보다 문장이라는 겉표현에 유독 집착하는 경향이 작가들 사이에 팽배해 있다. 이에 대해 이문열 씨는 "독자에게 쉽사리 다가갈 수 있는 취향은 아니지만 우리 문학에 꼭 있어야 하는 하나의 구색으로서의 독특한 모양새"라고 작가들의 말장난을 치하하기까지 했다.

독자에게 좋은 글로 위로를 주고, 마음을 보듬고, 독자의 고단한 인생에 한줄기 빛으로 남기보다는 어떻게 써야지만 '뽀대'가 날까, 연구에 연구를 거듭하고 있을 뿐이다. 그러하기에 그토록 일본을 싫어하는 국민들임에도 불구하고 무라카미 하루키 같은

외국 작가의 소설이 불타나게 팔려 젊은이들의 정신을 지배하게
된 것이다.

말로 사람을 알고, 글로 그 사람의 격을 안다

글이 뭐 그리 중요하냐, 내용이 좋으면 되는 것 아니냐고 생각
할 수도 있다. 허나 좋은 말도 쌍시옷을 섞어가며 난잡하게 풀어
간다면 누가 그 말을 듣고 자기 인생을 돌아볼 테며, 앞으로의
삶에 격려로 삼겠는가.

글도 다르지 않다. 우리가 책을 읽는 이유는 정신의 풍요로움
을 위해서다. 웰빙이다 뭐다 하며 요즘처럼 사람들이 자기 몸 가
꾸기에 여념이 없던 시절이 없었는데, 음식은 좋은 것을 찾으면
서 글에는 왜 그리도 관대한가.

글을 잘 쓴다고 해서 좋은 책을 만든다는 법은 없지만, 글을 잘
못 쓰는 작가는 절대로 좋은 책의 저자가 될 수 없다. 얼렁뚱땅
만들어낸 말들이 옳은 뜻을 곡해하고 독자를 함정에 빠뜨린다.
그런데도 너무나 당당해서 거리낌이 없다. 기본적인 단어 하나
사용하는 데도 고민한 흔적이 보이지 않는데, 과연 그들이 우리
들 독자의 인생에 대해서는 고민해봤을까? 아무런 설명 없이 다
짜고짜 본론으로 들어가고, 처음만 거창할 뿐 끝에 가서는 용두

사미로 추락하는 숱한 베스트셀러들이 과연 어디서 온 것일까?

작가의 말장난에 독자는 지쳐간다

말로 그 사람을 평가하는 것이 당연하며, 작가는 글로 평가받을 수밖에 없다. 또 그 나라의 국민성은 그 나라 사람들이 즐겨 읽는 책으로 판단받게 되는 것이다. 수많은 베스트셀러들에서 발견되는 조악한 문장력과 잘못된 우리말의 피해는 결국 독자가 감당해야 될 손해다.

그런데 글 한 줄을 쓰더라도 바른 말을 구사해야 될 유명 작가들이 우리말을 패대기쳐 버리듯이 함부로 다룬다. 잠꼬대하는 것 같은 문장 쓰기에 여념이 없는 우리나라 작가들의 악문(惡文) 때문에 사람들이 점점 책을 멀리하게 되는지도 모른다.

좋은 문장은 어려운 문장이 아니다. 잘 쓴 글은 몇 번씩 읽어봐야 뜻이 통하는 글이 아니다. 멋쟁이는 누가 봐도 한눈에 저 사람 멋있다는 감탄사가 튀어나온다. 모자가 좀 안 어울리는 듯싶었는데 구두랑 색을 맞춘 걸 함께 보니 괜찮네, 라는 식으로 스스로를 이해시켜서는 안 되는 것이다.

작가는 언어 사용에 주의해야 한다

졸문도 뜻을 전달하는 데는 큰 무리가 없다. 그러나 독자로서 인내해야 될 부담이 너무 크다.

나는 몇 사람 되지 않는 작가들 때문에 우리말의 아름다움이 손상되는 것을 원치 않는다. 아름다운 우리말을 두고도 외국어를 즐겨 쓰는 풍조도 싫다. 바른 말과 고운 말로써 우리의 글과 말에 빛을 주어야 될 사람들이 뜻도 모를 낱말을 창작한다거나 외국어를 남용하는 것은 아무리 좋게 보려고 해도 환영할 수 없는 일이다.

문학에 관한 논쟁이나 베스트셀러의 예술성을 논하려는 것이 아니다. 보편적인 언어 사용에 대해 말하고자 할 뿐이다. 나 또한 실수가 있고 좋은 글을 쓰는 사람이라 자부할 수 없는 실력이지만, 독자들, 나아가 독자의 한계에서 벗어나 자기만의 글을 쓰려는 모든 분들을 위해 비록 재미가 없을지라도 잘못 쓰인 표현들을 짚고 넘어가야 한다고 생각한다.

잘못된
표현의 예

오늘날 최대의 가치는 경제성이다. 글도 다를 바 없어서 경제적인 표현은 독자를 위한 최소한의 예의다.

하지만 우리 작가들은 말의 경제성을 따지지 않는다. 시인이 말을 자꾸 압축해나가듯, 소설이든 실용서적이든 경제적인 표현으로 가다듬어야 핵심이 드러난다.

겹말의 남용

우리가 자주 쓰는 최고의 비경제적 표현으로 '피해를 입다' 라는 말이 있다. '피해' 라는 말은 손해를 입었다는 뜻이다. 즉 '피해를 입다' 를 제대로 풀이해보면 '손해를 입었고 입었다' 가 된다. 이런 잘못된 표현이 하나둘이 아니다.

이를 두고 '겹말' 이라 하는데 이런 종류의 비문법적인 겹말은 해방 후에 부쩍 늘었다. 보통은 뜻을 모르고 쓰는 한자어에 국어를 조합하면서 만들어졌다.

한마디로 끝날 것을 두 마디, 세 마디씩 해야 하니 경제성과는 거리가 멀다. 세련된 표현도 될 수 없다. 읽는 사람이 본론에 접하기도 전에 지쳐버리는 것이 당연하다.

많은 사람들이 책을 싫어하게 된 원인 중에는 텔레비전이나 그 밖의 매체의 증가도 있겠지만, 문법에 어긋난 잘못된 글들이 책 읽는 즐거움을 반감시킨 요인도 적지 않다고 본다.

몇 가지 예를 더 들어보겠다.

의심조차 하지 않는 잘못된 말

자주 쓰는 말로 '수확을 거두다' 라는 표현이 있는데, 농작물을 '거두는 것' 이 '수확' 이다. 그러니까 '수확을 거두다' 라는 말은 농작물을 거둔다는 뜻이 아니라 농작물을 거두는 동작을 거둔다, 즉 그만둔다는 뜻이 된다. 따라서 '수확을 거두다' 라는 표현은 '수확을 중간에 포기하겠다' 가 되는 것이다.

'쓰이는 용도에 따라' 도 흔하게 쓰는 표현인데, '용도' 라는 단어에 이미 '쓰이다' 라는 뜻이 포함되어 있다. '쓰임에 따라' 혹은 '용도에 따라' 라는 표현이 올바르다.

이 밖에도 '탈출해 나왔다', '불시에 급습했다', '소임을 맡게 되었다', '그와 함께 동행했다', '표출해냈다' 등도 모두 같은 표현이 겹쳐진 잘못된 문법이다. 우리 책에서, 일상에서 너무나 쉽게 혼동하는 표현들이다.

그중에서도 전국적으로 가장 널리, 그리고 뿌리 깊게 박힌 겹말은 '피해를 입다', '기간 동안', '영향을 미치다', '음모를 꾸미다'를 꼽을 수 있다. 이런 말들이 방송과 신문과 책을 통해 너무나 많이 퍼져 이제는 의심조차 하지 못하는 지경에 이르렀다.

현대에 이르러 망가진 말들

이 책임은 전적으로 작가들의 몫이다. 제일 먼저 이 같은 오류를 범한 이들이 작가들이었기 때문이다. 작가의 노력이 부족했던 탓에 우리말이 점점 더 황폐해지고 있다.

'영향을 미치다'에서 '영향'의 뜻은 '미침'이다. 즉 '영향을 미치다'를 풀이해보면 '미침을 미치다'가 된다. 마치 '축구를 찬다'와 같은 오류가 되는 것이다.

일제가 우리나라를 강점하기 전까지 조상들은 '세 시 동안'이라고 했지, '세 시간 동안'이라는 말은 쓰지 않았다. '기간'이라는 한자의 뜻이 '동안'이기 때문이다. '세 시간 동안'은 '세 시

동안 동안'이라는 뜻이 되는데, 지금 '세 시 동안'과 '세 시간 동안' 중 더 자연스럽게 들리는 말이 후자인 것을 보면 글이라는 게 얼마나 무서운지 새삼 느끼게 된다. 세월이 쌓이면 잘못이 옳음보다 더 옳게 여겨진다는 것을 보여주는 사례이기 때문이다.

영어는 철자 하나까지 따져 묻고, 대문자와 소문자까지 구별해 쓰라 하고, 온갖 사교육에 토익에 자격증까지 판을 치는 이 마당에 우리글은 한데 취급을 받다 못해 목숨 부지하는 것만도 감사하라는 것인지, 우리말로 먹고사는 작가 중 한 사람으로서 서글프기 그지없다.

기본도 모르는 것은 창피한 일

우리말 전문가라는 사람들일수록 우리글을 너무 경시하는 것 같다고 하면 지나친 억측일까.

소설가, 시인, 드라마 작가, 카피라이터, 방송 작가, 실용서 작가, 여행 작가……. 작가로 불리는 사람들은 참 많은데 그들의 첫 번째 자격 요건인 우리말에 대한 올바른 사용법에 대해서는 감시하는 이들이 없다. 탤런트나 영화배우는 발연기다 뭐다 비난에 시달리고, 가수들은 발성이 좋지 못하네 어쩌네 말도 많지만, 책에 수없이 등장하는 오류에 대해서는 입도 벙끗하지 않는다. 그만큼 우리가 우리말에 대해 무지해서다.

그중에서도 겹말은 기본 중의 기본마저 모르는 데서 비롯된 정말 창피한 무지다. 띄어쓰기나 잘못된 동사의 사용 등은 그나마 봐줄 만해도 같은 말을 두 번 반복하는 것은 내가 쓰는 말에 어떤 뜻이 담겨 있는지를 모르고 있다는 증거이므로 그렇게 쓴 글에 나의 생각이 온전히 담길 리 없다. 그야말로 '죽은 문장' 이다. 죽은 문장을 읽는 독자들이 산 생각으로 세상을 살아갈 힘을 얻는다는 게 가당키나 할까.

다음은 그동안 내가 여러 책에서 뽑은 잘못된 표현들이다.

가까이 접근하다 / 간단히 요약해서 / ~감을 느끼다 / 같이 동행하다 / 걸쳐간 경로 / 견지에서 본다면 / 결론을 맺는다 / 결실을 맺는다 / 기간 동안 / 기간 중 / 낙엽이 떨어지다 / 날조된 조작 / 남은 여생 / 내가 보는 견지에서 / 담임을 맡다 / ~에 대한 대비책 / 더러운 누명 / 매 ~마다 / 먼저 선취점을 얻다 / 명확하게 밝히다 / 미리 예고하다 / 밝고 명랑하다 / 빈 공간 / 산재하고 있다 / 서로 상의하다 / 소득을 얻다 / 소임을 맡다 / 시범을 보여주다 / 아직 미정이다 / 알맞게 적응하다 / 여러 가지 종류 / 유산을 남기다 / 음모를 꾸미다 / 작품을 만들다 / 제품을 만들다 / 존재하고 있다 / 준비를 갖추다 / 판이하게 다르다 / 피해를 입다 / 함유하고 있다 / 허송세월을 보내다 / 호시탐탐 노리다 / 혼자 독식하다 / 회의를 품다

우리는 "역전 앞에서 만나자."라거나 "오늘 축구나 찰까?"라고 말하는 사람들을 무식하다고 여긴다. 그러나 실제로는 그들보다 더 무식한 말들을 똑똑한 척하면서 쓰고 있다. 문제는 나부터 무의식적으로 위와 같은 잘못된 문법의 표현을 아무렇지 않게 쓰고 있다는 점이다. 그만큼 심각한 상황이다.

호응하지 못하는 문맥들이 독서의 흐름을 끊는다

자연스럽게 호응되는 문장의 특색은 조사의 쓰임새에 달려 있다. 조사 오용 문제는 우리의 언어 질서와 직결된다. 그런데 조사 오용은 어느 출판물에서나 비문의 큰 비중을 차지하고 있다.

조사 하나 때문에 작가의 뜻과 달리 해석되는 문장이 생길 수 있다. 요즘 들어서는 조사 오용보다도 어미의 생략, 낱말의 생략 등으로 뜻이 모호한 문장을 만드는 게 유행처럼 번지고 있다.

여전히 많은 작가들이 '으로서'와 '으로써'를 구별할 줄 모른다. '으로서'는 자격을 말하고, '으로써'는 수단과 방법을 말하

는 것인데, 작가들이 가장 많이 실수하는 조사가 '으로서'와 '으로써'다.

　이는 곧 자기가 지금 쓰려는 글의 목적이 무엇인지 헷갈려한다는 뜻이며, 작가가 자기도 모르는 글을 독자에게 강요하고 있다는 해석이 가능하다. 작가도 이해가 안 되는 글을 독자인 우리가 읽는다고 이해가 될까. 난감한 문제가 아닐 수 없다.

제대로
글을 다룰 줄 아는 작가는
전체의 반도 안 된다

신문기자로 일하면서 교정 책임을 맡아 본 적이 있다. 수십 년 전인데 그때 참 많은 것을 배웠다.

나도 문학에 뜻이 있었는지라 내로라하는 작가들의 글을 공부하며 분석한 결과 낱말 구사나 문장력만 따져봤을 때 절대다수의 간행물이 수준 이하였다. 글의 기본이 되는 낱말 구사와 문장력에서 수준 이하의 평점이 나왔는데 그 내용이 제대로 표현되었을 리 없다.

내가 1년에 출간되는 모든 책을 읽어볼 수는 없지만, 나름대로 열심히 찾아 읽은 결과 반 이상이 문법적으로 문제가 있었다. 적절하지 못한 낱말을 함부로 쓴다거나 앞뒤 문맥이 어울리지 않는 경우가 의외로 많았다.

이는 문화적 수치다. 노래 못 하는 가수들이 인기를 얻으면 그 나라 음악 수준이 떨어지는 것처럼 글 못 쓰는 작가들의 일회성 인기가 지속될수록 우리의 독서 수준은 점점 더 떨어지게 되는 것이다.

특히 문법을 제대로 공부한 적 없는 비문인 작가들의 시대가 도래하면서 직업에 상관없이 많은 분들이 자신의 생각이나 경험을 책으로 출간하고 있다. 이는 매우 바람직한 현상이지만, 교정을 책임져야 될 출판사 편집부의 나태인지는 몰라도 작가의 개성으로 포장되어 옳은 표현이 아닌 글이 판을 치는 것은 분명 짚고 넘어가야 될 일이다.

아무튼 제아무리 악문이고 졸문이더라도 뜻은 통한다. 하지만 이것은 독서가 아니다. 독자가 저자의 실수를 덮어주는 것은 독서가 될 수 없다. 결국 이런 문장은 외면당하고 만다.

자기계발서를 비롯한 실용서가 한 번 읽고 마는 인스턴트 책이 된 까닭은 내용의 빈곤도 있겠지만, 많은 부분에서 두 번 다시 읽고 싶은 생각이 들지 않는 잘못된 문장 때문이라는 생각도 든다.

글이 외면당하는 것은 책의 생명을 잃게 되었다는 것을 뜻한다. 죽은 책을 집어 들 독자는 세상에 없다.

발가벗은
책들은
그만 읽고 싶다

원로 작가, 젊은 작가, 베스트셀러 작가를 막론하고 낱말 사용하는 품새를 보면 기가 막히다. 말도 모르고 글을 쓰겠는가 하고 반문하는 사람도 있겠지만, 틀린 말을 무의식중에 썼다기보다는 처음부터 뜻도 모르면서 쓴 게 아닌가 의심스러운 경우가 훨씬 많다.

내가 걸작으로 뽑는 문장이 있다. "어머니는 이제 알아보도록 늙으셨다."라는 문장이다. 작가의 실명은 밝히지 않겠다.

옛날부터 우리가 써왔던 말은 '몰라보도록 늙었다', '몰라보도록 컸다' 인데, 작가의 과한 욕심이 남들 다 쓰는 '몰라보도록' 으로는 채워지지 않아 '알아보도록' 이라는 존재하지 않는 말을 창조하기에 이른 것이다.

작가에게 언어 창작의 권리가 있다고는 하지만, 그 권리는 작가에게만 주어진 것은 아니다. 독자에게도 권리가 있다. 따라서 독자의 권리를 존중해줘야 하는 것이다. 여기서 독자의 권리를 존중한다는 것은 우리말의 아름다움을 지켜야 될 의무에 충실한 것을 말한다.

서울대학교 국문과의 모 교수는 베스트셀러를 읽지 않는 것으로 유명한데, 이유는 단순하다. 몇 장 못 읽겠다는 것이다. 우리나라 작가들의 문장이 이 정도로 처참해진 줄은 몰랐다는 얘기다. 수치로 따졌을 때 낱말 오용이 지적된 간행물이 전체 간행물의 36퍼센트에 달한다. 즉 1년에 출간되는 책들 가운데 절반 조금 못 미치는 책들이 우리말을 제대로 구사하지 못했다는 뜻이다.

안데르센의 동화 중에 《벌거벗은 임금님》이라는 게 있다. 세상에서 가장 아름다운 옷이지만 임금님 눈에만 보이지 않는다는 거짓말쟁이에게 속아 임금님은 옷을 벗고 거리에 나섰다가 망신을 당한다는 이야기다.

예전에 아주 유명한 분이 책을 내면서 나에게 교정을 부탁하신 적이 있다. 표지의 속표지에 자기 약력을 실었는데 시인, 수필가, 교수, 정당인, 기업가까지 잘나가는 직업이란 직업은 다

쓰여 있었다. 물론 그만큼 사회적으로 명성과 지도력을 갖춘 분
이셨다.

허나 이 분의 글은 그야말로 '글'이라 부를 수 있는 것이 아니
었다. 초교 때부터 갈피를 잡을 수 없을 만큼 빨갛게 고치다 못
해 재교, 삼교에 이르러서는 파란색, 초록색 볼펜까지 삼색이 동
원되어 문장 전부를 뜯어고쳐야 했다.

개인을 비방하려고 하는 말이 아니다. 출판사 편집자들에게
가장 자주 듣는 소리가 띄어쓰기, 기본 문법조차 엉망인 작가들
이 너무 많다는 하소연이다. 그런 책들이 베스트셀러가 된다.
발가벗은 임금님에게 우리까지 속고 있는 것은 아닌지 걱정스
럽다.

책이 나를
위로하게 만들다

책만이
줄 수
있는 것

요즘처럼 빠르게 돌아가는 세상에서 종이로 만든 책을 읽는다는 것은 어찌 보면 느림의 미학이라고도 할 수 있다.

텔레비전과 인터넷, 스마트폰 같은 현대적 여가생활과 비교한다면 책읽기란 사람에 따라서는 단순히 재미없는 정도가 아니라 고통스럽게 느껴질지도 모른다. 책을 읽는다는 것은 먼저 의지가 깨어나야 하고, 그다음에 스스로의 통제가 이루어져야 하기 때문이다.

책장을 넘기고, 단어를 이해하고, 문장을 해독하고, 단락을 이해하는 과정은 누구도 도와줄 수 없고, 그 어떤 기계도 대신해주지 못한다. 그 갑갑함 때문에 사람들은 책을 멀리한다. 독서라는 말만 들어도 짜증이 밀려온다. 책 따위를 안 읽어도 세상 살아가는 데 전혀 불편함이 없지 않느냐고 항변한다.

그러나 책에서 얻어지는 감동과 여운, 지식과 깨달음을 한 번이라도 경험하게 된다면 이런 소리는 두 번 다시 할 수 없게 된다. 책에는 세상 어떤 것과도 비교가 되지 않는 즐거움이 가득하기 때문이다.

책을 읽는 것은 고통스럽다. 오랜 시간이 요구되는 인내력, 한순간도 허투루 넘어가서는 안 될 집중력, 나와 관계없는 이야기의 흐름 속에 나의 미래와 과거를 투영시키는 예지력까지 인간 정신의 극한을 필요로 하는 것이 책읽기다. 그리고 그 고통이야말로 우리가 책을 읽어야 하는 이유가 된다.

단돈 만 원, 핸드백에 살포시 감춰지는 태블릿PC 크기의 책 한 권을 읽는 동안 우리가 겪게 되는 좌절과 피로는 이루 말할 수 없다. 하지만 그런 고통의 시간을 넘어섰을 때 무엇과도 바꿀 수 없는 기쁨과 감동, 위로가 내 안에서 넘쳐나는 특별한 경험을 소유하게 된다.

독서가 정신의 훈련인 까닭은 지속성 때문이다. 앞 문장을 이해하고, 이해한 지식을 계속 머릿속에 집약시켜야만 다음 문장, 그다음 문장, 나아가 책의 전체 상을 내 것으로 만들 수 있다. 그처럼 정신과 이해와 감정을 몇 시간씩 지속시키는 훈련이야말로 우리의 지성에 내포된 잠재력을 최고 수준으로 끌어올리는 유일무이한 길이다. 감히 단언하건대 인터넷도, 스마트폰도, 영화와 텔레비전도 해줄 수 없는 책만의 고유한 기능이다.

쓰잘머리 없는 책이
나의 영혼을
깊은 잠에서 깨운다

내가 어렸을 때는 '책보(冊褓)'라는 말이 있었다. 책보는 책을 싸는 보자기를 말한다. 일제시대, 그때는 소학교라 불렸던 초등학교 학생들은 요즘 같은 책가방이 없어 보자기에 교과서를 싸서 들쳐 메고 다녔다. 그 시절 책보란, 책만 읽는 바보를 뜻하기도 했다.

책은 무지하게 많이 읽는데 정작 써먹을 데가 없다. 그냥 책이 좋아서 책만 읽는 것이다. 딱히 잘하는 재주도 없고, 공부를 잘하는 것도 아니다. 그냥 주야장천 책만 들여다본다. 뭔가를 정해놓고 보는 것도 아니고 책이라면 무조건 읽고 본다. 신기한 것은 그렇게 책을 많이 읽었음에도 작문에는 소질이 없다. 그 많은 책을 읽었음에도 책과는 거리가 먼 우리들과 다른 점도 없다.

그래서 우리는 그런 친구들을 '책보'라고 불렀다. 먹보, 뚱보 같은 의미의 책보인 것이다. 또 한편으로는 쓸데없이 책만 싸 들고 다니는 보자기라는 뜻에서 '책보'라고 놀렸다.

쓸모 있는 책을 찾는가?

어린 시절 가장 많이 들은 이야기는 공부는 안 하고 책만 본다는 꾸중이었다. 사내 녀석이 계집애처럼 소설이나 읽는다고 혼도 많이 났다. 아무짝에도 쓸모없는 책을 읽어서 어디다 써먹을 거냐는 것이었다.

그런 세태는 지금도 달라지지 않았다. 여전히 사람들은 '쓸모 있는 책'을 찾는다. 쓸모 있다고 생각되는 책, 쓸모가 있는 척 내세우는 책들이 베스트셀러가 된다. 책을 읽고 무엇을 할 것인가, 책을 읽고 무엇을 얻어낼 것인가로 독서의 가치를 결정하는 세상물정 탓이다.

어디다 써먹으려고 책을 읽는 것이 아니다

효율이라는 관점이 우리 사회를 지배하고 있다. 이것을 극렬하게 부정할 생각은 없다. 다만 독서를 그 같은 관점에서만 바라봐서는 안 된다는 것이다.

물론 효율과 실용이라는 두 마리 토끼를 만족시켜주는 책들도 많다. 시중의 책들 가운데 상당수는 효율과 실용을 목적으로 제작되었다. 현대인은 실무에 필요해서, 혹은 필요한 정보와 지식, 직능을 얻기 위해 책을 읽는다. 귀농하는 법, 운전면허 필기시험 문제집, 각종 참고서, 혼자 며칠 만에 집 짓는 법까지 책을 통해 지식을 얻을 수 있다.

이런 모습의 독서는 개인의 외적인 태도를 성장시킨다. 지식의 전파라는 측면에서 매우 중요한 독서이다. 그래서 지식과 실용을 구축하는 독서는 어디에서나 환영받는다. 이런 책을 가리켜 그 따위 쓰잘머리 없는 책을 읽어서 뭐 하느냐고 말하는 사람은 없다.

그러나 독서의 본질은 그것이 아니다. 독서도 엄연히 취미이며 여가생활이므로 재미를 빼놓고는 완성되지 않는다. 위로를 빼놓고는 완결되지 않는다.

배우기 위해, 남을 이기기 위해, 글을 잘 쓰기 위해, 자랑하기 위해, 남을 가르치기 위해 하는 독서는 진짜 독서가 아니다. 아무런 목적이 없는 독서, 읽어도 남는 게 없는 독서, 지금 이 시간의 즐거움, 기쁨, 위로, 감동이 있는 독서야말로 보이지 않는 나의 진짜 모습을 아름답게 성장시켜주는 힘이다.

백 권의 책을 읽은 사람은 백 명의 인생을 산다

목적 없는 독서는 아무 짝에도 쓸모가 없는 독서다. 이런 독서는 취업에도, 시험에도, 주식투자에도 도움이 안 된다. 대신 책이 우리에게 선물해줄 수 있는 최고의 쾌락을 맛보게 해준다.

일생에 만날 수 있는 사람은 한정되어 있다. 일생에 가볼 수 있는 곳은 한정되어 있다. 일생에 해볼 수 있는 일은 한정되어 있다. 그러나 책으로는 못 만나볼 사람이 없고, 못 가볼 곳이 없고, 해적이 되었다가 그리스 시대의 영웅이 되었다가 비극의 주인공이 되어볼 수도 있다.

그래서 백 권의 책을 읽은 사람은 백 명의 인생을 살고, 천 권의 책을 읽은 사람은 천 명의 인생을 산다. 한 권의 책을 읽은 사람이 한 명의 인생밖에 알지 못하는 것은 당연지사다.

책보 박춘석

내 친구 중에 유명한 책보가 한 사람 있다. 몇 해 전에 먼저 세상을 떠난 작곡가 고 박춘석이다. 1930년생인 그와 나는 초등학교 동창이다. 우리는 한 동네에 같이 사는 이웃이었다.

그런데 어렸을 때 기억으로 그가 노래를 부르거나 음악을 즐겨 듣던 모습은 떠오르지 않는다. 춘석이 하면 제일 먼저 생각나는 것은 항상 손에 들려 있던 책이다. 무슨 책이었는지는 모르겠다. 장르도 모르겠다. 우리와 놀 때도 책이 손에 들려 있었고, 집에 놀러 가도 자기 방에서 책을 읽다가 고개를 들어 우리를 반겨주곤 했다.

나는 가끔 생각해본다. 평생 결혼도 하지 않고, 어디를 여행하지도 않고, 많은 사람들과 어울리지도 않았던 그 친구가 어떻게 〈동백 아가씨〉, 〈섬마을 선생님〉, 〈비 내리는 호남선〉, 〈초우〉 같은 노랫가락을 만들고 작사를 할 수 있었을까?

확신하건대 쓰잘머리 없는 책들에 빠져 있었기 때문이다. 그 책들이 친구를 남해의 외딴 섬으로 인도하고, 첫사랑에 들뜬 열여덟 소녀로 만들어주었던 것이다.

책은
인간이
만들었다

인간은 자연의 부산물이다. 신학의 말대로 창조가 되었든, 과학의 말대로 진화를 거쳤든 인간이 자연의 일부라는 데는 모두 수긍한다.

우리가 자연에서 얻지 않은 것은 없다. 자연은 우리에게 먹을 것과 입을 것과 누울 곳을 제공해준다. 산소와 태양, 물 없이 사람은 살지 못한다. 그래도 인간이 자연에서 얻지 않은 것이 딱 하나 있다. 바로 책이다.

책은 인간만의 것

책은 워낙 정교하고 복잡해서 그 모든 법칙과 규칙에 통달하기란 거의 불가능하다. 제아무리 컴퓨터가 진보하고 영화에서처럼 사람을 뛰어넘는 지능과 능력을 갖춘 로봇이 출현해서 인류의 생존을 위협하게 되더라도 책을 읽고 감동하는 경험까지 빼앗지는 못할 것이다.

책은 글이라는 기록으로 만들어진다. 책 없이는 역사도 없고 인류라는 개념도 없다. 책 한 권에는 인류가 겪어온 수만 년의 시간이 압축될 수 있다. 만약 그 시간들을 건물이나 땅으로 환산한다면 어마어마할 것이다.

책은 인간에게 무한한 시간과 공간을 선사한다

수백만 명의 일생이 책 한 권에 담기는 것도 가능하다. 몇 백 년 동안 세계를 지배해온 로마의 역사도 책 한 권으로 충분하다. 우리가 책을 탐험해야 하는 까닭은 인생을 폭넓게 살아가기 위해서다. 백 년이 채 못 되는 주어진 시간 속에서 좀 더 오랫동안 시간을 누리기 위해서다.

책을 읽지 않는 사람에게 인생은 단 한 번뿐인 기회다. 책을 읽는 사람에게 인생은 수도 없이 반복되는 기회다. 마음만 먹으면 언제든지 새롭게 인생을 출발할 수 있다. 나이가 어리든 많든 상관없다. 남자와 여자를 차별하지 않는다. 건강한 자와 병든 자를 구별하지 않는다. 책을 통해 우리는 물리적으로 경험할 수 없는 무한한 시간과 공간을 점유한다.

좋은 책과의 만남

덧붙이자면 모든 책이 그러한 기회를 제공해주는 것은 아니다. 친구를 보면 그 사람을 알 수 있다고 하듯이 그가 읽는 책으로 그의 인격과 품격을 알게 되는 법이다. 좋은 책과의 만남이 중요한 이유다.

좋은 책과 만나고 싶다면 먼저 나쁜 책에 유혹당해서는 안 된다. 잠깐 인기를 끌다가 사라지는 책들에 마음의 창고를 빌려줘서는 안 된다.

세상에는 책을 좋아하는 사람보다 책을 싫어하는 사람이 더 많고, 책을 많이 읽은 사람보다 적게 읽은 사람이 더 많다. 그래서 슬프게도 세상에 태어난 책들 중 대부분은 책을 싫어하는 사람, 책을 적게 읽은 사람을 위해 만들어졌다. 그런 사람들을 위해 책을 쓰는 작가들이 훨씬 많다. 그들의 책이 베스트셀러가 된다.

장서(藏書)는
독서다

책읽기를 좋아하는 독서통은 장서가다. 장서가의 기준은 자기 방에, 혹은 자기만의 공간에 책장이 있고, 거기에 책을 보관하는 사람이다.

독서를 하면서 가장 곤경에 빠뜨리는 것은 우습게도 책이다. 책이 갖는 부피, 무게, 숫자가 두려워 책을 포기하는 사람이 의외로 많다.

꼭 곁에 둬야 할 책이 있다

전셋값, 집값이 치솟는 이때에 비좁은 방 한 칸에 책장 하나 들여놓는 것도 쉬운 일은 아니다. 옷장도 거추장스러워 철마다 옷을 버려야 하는 요즘 같은 세상에 한 번 읽은 책을 보관하려고 덩치 큰 책장을 구입한다는 것은 큰 부담이다.

하지만 어쩔 수 없다. 책을 가슴으로 읽어내고, 인생의 동반자로 받아들이기 위해서는 책을 손에 넣는 것만큼이나 책을 잃지 않고 곁에 두는 것이 필요하다. 왜냐하면 거듭해서 만나야 하기 때문이다.

사랑하는 배우자를 결혼식 날 한 번 보고 헤어지는 사람이 있을까. 책도 그렇다. 동네마다 도서관이 있는데 굳이 책을 사야 되느냐고 생각할 수도 있지만, 그와 달리 꼭 곁에 둬야 할 책도 있는 법이다. 그리고 인생은 내 곁을 지키고 있는 그 책으로 인해 바뀐다.

책은 바라만 봐도 즐겁다

심한 말로 책을 읽지 않고 책장에 꽂은 채 바라만 봐도 좋다. 책은 그 자체로 우리에게 영향을 미치지는 못한다. 어떤 식으로든 우리의 감정이 나타나야지만 책이 된다. 즉 생각을 키워주는 것이 책의 역할인 셈이다. 그러니까 굳이 읽지 않더라도 책장에 비스듬히 서 있는 책을 바라보며 무슨 내용일지 기대하거나, 이 책을 다 읽고 난 후에 변화되었을 내 모습이라든가, 하다못해 멋들어지게 치장된 양장판 표지를 보고 철학자나 예술가가 된 듯 착각에 빠질지라도 그전의 나와는 확연히 다른 나인 것이다.

조선 후기 실학자 이덕무(李德懋)는 '책을 쳐다만 봐도 즐거웠다' 고 고백한다. 지독히 가난하여 삭풍에 눈보라가 몰아치는 날에도 구들장을 덥힐 땔감을 구하지 못했던 선비는 방을 가득 채운 책만 봐도 배가 부르고 세상을 다 가진 듯했다.

'내 책' 이라고 말할 수 있는 책이 얼마나 있는가?

이덕무의 자기만족 또한 독서다. 어떤 면에서는 가장 순수한 독서다. 책을 읽지 않고 바라보는 것만으로 생각은 깊어지고 감정은 풍요로워진다. 성과주의 독서로는 책을 즐기지 못한다. 책의 맛을 느끼지 못한다. 그래서 몇 권을 읽었느냐보다 몇 권을 가졌느냐가 중요하다. 도서관에 꽂힌 책들은 모두의 것이지만, 같은 책이더라도 내 집 책장에 꽂힌 그 책은 나만의 것이 되어주기 때문이다.

세상 모든 책을 다 읽을 필요는 없다. 그러나 세상 모든 책들 중에 한 권도 내 곁에 두지 못한다면 너무나 슬픈 인생 아닐까.

책이
좋은
이유

이 글을 마무리하며 책이 좋은 몇 가지 이유를 추려보았다. 내 개인적인 의견이 아니라 많은 분들에게 조언을 듣고 질문해서 답을 정리해본 리서치 같은 것이다.

1. 시간을 지루하지 않게 해준다

10년 전만 해도 지하철이나 버스에서 책 읽는 것은 흔한 광경이었다. 요즘은 정말 보기 힘들어졌다. 남녀노소를 막론하고 손에는 책 대신 핸드폰이 들려 있다. 게임을 하고 인터넷을 검색하고 주식을 살피고 메시지를 보내느라 정신이 없다.

대중교통을 이용하는 출퇴근, 통학 시간이 평균 한 시간이다. 왕복 두 시간이 된다. 우리는 거의 매일 두 시간씩 버스와 지하철에 몸을 싣는다. 그 지루한 시간이야말로 책을 읽기에 딱이다.

핸드폰 게임도 재미있고, 검색하고 싶은 연예인도 있을 것이다. 친구, 연인과의 연락도 중요하다. 하지만 그런 소모적인 행동으로 두 시간이나 되는 긴 시간을 낭비한다는 것은 억울하다. 그 조그만 화면을 뚫어져라 쳐다보면서 아까운 시간을 낭비하느니 그 시간에 책을 읽어보는 것은 어떨까?

하루 두 시간씩 책을 읽기에 정말 좋은 기회를 얻고 있으면서 책 볼 시간이 없다고 둘러대는 사람들을 보면 쓴웃음이 난다. 책은 정해진 장소에서 정좌로 읽지 않아도 된다. 포병장교였던 톨스토이는 전쟁이 한창인 참호 안에서 생애에 가장 많은 책을 읽었다고 고백했다.

책은 복잡하고 시끄러운 외부로부터 나를 지켜주는 최고의 도피처이자 보호막이다. 꽉 막힌 도로 위에서도 책 한 권과 함께하면 두 시간이고 세 시간이고 쏜살같이 지나간다. 버스와 지하철에서 내렸을 때 새로워진 나를 경험하는 것은 덤이다.

2. 책은 나를 주인공으로 만들어준다

소설을 읽으면 나는 소설의 주인공이 된다. 자기계발서를 읽으면 나는 성공한 CEO가 된다. 무슨 책을 읽든 주인공은 항상

나다. 비록 내 이름이 뚜렷하게 새겨진 것은 아니지만, 우리는 책에 나오는 주인공에게 나를 대입하며 책을 읽는다.

그래서 책을 많이 읽은 사람들의 특징은 주인공 의식이 강하다는 것이다. 누구를 만나든 자신이 주인공인 것처럼 행동한다. 어떤 상황에서든 자신이 주인공처럼 헤쳐 나가려고 한다.

이것은 교만이 아니다. 자기도취도 아니다. 책을 읽고, 책 속의 주인공이 되었던 경험들이 쌓여 주도적으로 인생을 살아가게 된 것이다.

3. 이야기는 끝이 없다

재미있고 감동적인 책은 두고두고 읽게 된다. 한두 번 읽고 끝나는 게 아니라 수십 번, 수백 번, 아니 평생을 곁에 두고 읽는다.

다시 읽을 때마다 전혀 다른 이야기 같다. 처음 읽는 것처럼 흥미진진하다. 책은 낡아 떨어져도 그 안의 이야기는 매번 새롭다. 읽으면 읽을수록 그윽해지고, 몰랐던 것을 알게 되어 깜짝깜짝 놀란다.

새 옷은 닳아 헌 옷이 되고, 가전제품은 새로운 기능이 생겨 유행에 뒤처져도 옛날에 읽은 책은 오늘 읽어도 재미있다.

4. 책은 나를 변화시킨다

책을 읽으면 평소에 쓰는 말이 달라진다. 말투부터 입에서 나오는 표현이 달라지는 것이다.

말이 달라지면 생각이 달라진다. 생각이 달라지면 행동이 달라진다. 행동이 달라지면 생활이 달라지고, 생활이 달라지면 인생이 달라진다. 인생이 달라지면 사람이 달라지는 것이다.

5. 책을 비난하는 사람은 없다

책은 나의 외적인 가치도 상승시켜준다. 요즘 대세는 프로 야구인 모양인데, 내가 한창 직장에 다닐 때는 프로 복싱이 최고였다. 특히 유명우와 장정구라는 당대의 복싱 챔피언을 두고 사람들 의견이 갈라져 유명우 팬과 장정구 팬이 술집과 식당에서 몸싸움을 하는 일도 있었다.

음악을 좋아한다고 말하면 장르를 물어본다. 로큰롤이 좋다는 사람은 트로트를 즐겨 듣는다는 말에 질색을 한다. 야구를 좋아한다고 하면 팀을 묻는다. 라이벌 팀을 응원한다는 대답에 표정부터 달라진다.

책은 다르다. 책을 좋아한다고 말하면 다들 감탄한 눈으로 고개를 끄덕거린다. 연극을 좋아하는 사람에게 요즘은 뮤지컬이 더 재미있으니 뮤지컬을 보러 가라고는 권해도 책이 좋다는 사람에게 책은 재미없으니까 영화나 보라고 말하는 사람은 없다.

책이 오랫동안 유지해온 가치가 책이 좋다고 말하는 나에게도 이입되는 것이다.

6. 책에는 낭비가 적용되지 않는다

'지름신'이라는 말이 유행이다. 도박이나 내기에서 돈 거는 것을 두고 '지르다'라고 하는데, 충동적으로 물건을 구입하는 것도 이에 빗대어 '지르다'란 말을 쓰기 시작했고, 단순한 충동구매가 아닌 대량의 충동구매에 이르러서는 '신(神)'자를 더해 '지름신이 강림했다'는 우스갯소리도 등장한 것이다.

사고 보니 돈 낭비가 만만치 않고, 탓하자니 다른 사람도 아닌 내가 한 짓이고 해서 멀쩡한 사람에게 신기가 들어 병을 앓듯 지름신 때문에 정신 못 차리고 소비를 했다는 재미난 자기비하다.

소비는 인생의 수단인 동시에 목적이다. 우리는 생산하기 위해 직장에 다니고 일을 찾는 게 아니다. 소비하기 위해 일한다. 소비의 수단으로 생산을 하는 것이다. 그래서 소비 없이는 생산이 존재할 수 없다. 생산해봐야 소비가 안 되면 그걸로 끝이기 때문이다. 또 원하는 소비자가 있어야 생산이 시작되기도 한다.

모든 소비는 마이너스의 성격을 갖고 있다. 음식은 먹으면 없어지고, 물건은 쓰면 쓸수록 낡고 값어치가 떨어진다. 하지만 책은 많이 읽을수록 플러스가 된다. 새로 산 자동차를 계속 타면 칠이 벗겨지고, 엔진도 녹이 슬지만 같은 책 한 권을 계속 읽는다면 얻어지는 것도 점점 더 많아진다.

그래서 책에는 낭비라는 것이 없다. 충동구매한 옷은 몸에 안 맞거나, 막상 입어보면 마음에 안 들기도 한다. 또 유행이 지나면 입기도 창피해진다. 그러나 오래된 책은 그럴 일이 없다. 생각처럼 만족스럽지는 못해도 절대 손해는 끼치지 않는다. 책은 자기 몸값의 수천 배를 우리에게 선물한다. 이익이 남아도 너무 많이 남는 장사다.

게다가 아무리 많이 책을 사도 아깝지가 않다. 언젠가는 읽게 될 것이기 때문이고, 또 언제든 읽기만 하면 되는 것이기 때문이다. 세상에 책 많이 샀다고 욕먹는 사람은 없다.

책과 함께하는
인생은
영원불멸의 세계다

책에 관심을 보이고 애정을 기울여 읽다 보면 책도 그 마음에 화답하여 깊은 울림과 오랫동안 지속되는 지혜를 우리에게 안겨준다.

책은 인생의 친구이자 연인이다. 사랑하는 사람을 대할 때처럼 고유한 특성을 인정해줘야 한다. 책이 텔레비전 같지 않고 영화 같지 않음을 탓해서는 안 된다. 빠르지 않다고 비난해서도 안된다. 책의 본성에 맞지 않는 어떤 것을 요구해서도 안 된다. 빨리 읽는 것을 자랑해서도 안 되고, 많이 읽었다고 뽐내서도 안된다.

책과 함께하는 운명은 경이롭고 신비하다. 수많은 작가들이 생전에 빛을 보지 못한 채 자신이 쓴 책만 남겨둔 채 세상을 떠난다. 니체도 그들 중 한 명이었다. 소수에게만 전파된 그의 난해한 책은 그가 매독으로 죽은 지 수십 년이 지난 후에야 대중에게 알려졌고, 살아생전에 꿈꾸던 대로 위대한 철학자의 반열에 오를 수 있었다.

1799년 나폴레옹이 지휘한 이집트 원정대의 포병장교였던 부샤르가 로제타석(石)을 발견했다. 기원전 196년 이집트 왕 프톨레마이오스 5세 시대에 왕을 칭송하기 위해 만들어진 이 돌 책에는 '클레오파트라' 라는 단어가 있었고, 이를 실마리로 2천 년 만에 이집트 상형문자를 해독할 수 있게 되었다. 2천 년 가까이 잠들어 있던 책이 인류 문명을 깨워낸 셈이다.

책에는 수명이 없다. 성경은 4천 년 동안 인류 곁을 지켜왔다. 4천 년 동안 사람들은 성경책을 읽었다. 4천 년 전 누군가도 지금 내가 읽고 있는 성경을 읽었다. 서기 200년대에 등장한 《삼국지연의》의 나이는 1900살. 1900년 전 우리 조상도 삼국지의 유관장 삼형제와 공명의 이야기를 읽었다.

옛 사람들은 텔레비전도 보지 못했고, 인터넷이라는 게 생겨날 줄도 몰랐다. 우리도 미래에 무엇이 등장할지 알 수 없다. 우리의 후손이 무엇을 추구하며 살아가게 되는지 감히 상상조차 못 하겠다. 당장 10년 후, 아니 1년 후의 세상이 어떻게 변할지도

예측이 어렵다. 불확실한 내일이야말로 우리를 위협하는 최대의 불안 요소다.

인간의 수명은 점점 더 길어져 어느덧 백 세 시대가 되었는데, 세상의 수명은 날이 갈수록 짧아진다. 오늘을 이끈 생각이 내일이 되면 사라진다. 오늘의 성공이 내일에는 실패가 된다. 오늘의 명예가 내일이 되면 비난의 원인이 된다.

이처럼 불확실한 시대에도 4천 년 전의 성경을 사람들은 읽는다. 세 번 공명을 찾아가 머리를 조아린 유비를 읽는다. 클레오파트라와 시저의 사랑 이야기를 읽는다. 책이 들려주는 이야기는 영원불멸인 것이다.

영원불멸한 책의 이야기 속에 뛰어들어 앞이 보이지 않는 나의 내일을 엿본다. 세월이 바뀌고, 시대가 다르고, 국적과 피부색, 나이와 성별이 다를지라도 인류는 문명의 첫 단계부터 책과 함께해왔다. 사람을 오늘날과 같은 생각하는 동물로 키워낸 어머니는 책이었다. 책이 있었기에 영장류의 한 족속에 불과했던 오스트랄로피테쿠스가 사람이 되었다. 운명이 뒤바뀐 것이다.

책은 사람의 운명을 바꾸는 문이다. 이 문을 열고 들어가보자. 우리의 운명이 바뀔 것이다.

무한한 책의 세계에서
나만의 베스트셀러가 되자

내 친구 중에 미승우라는 묘한 성을 가진 사나이가 있다. 나랑 똑같이 1930년생 말띠다. 그런데 애통하게도 쉰여덟에 일찍 세상을 떠났다. 지금 살아 있다면 우리 나이로 여든다섯이 된다.

살아 있을 때 하던 일이 무엇이었느냐 하면, 칠판 없는 교사로서 초·중·고 교과서의 문법적 오류 수만 개를 바로잡아냈다. 그리고 70, 80년대 베스트셀러에 나오는 잘못된 문장과 문법, 일본어의 잔재, 맞춤법에 어긋나는 표기 등을 몽땅 추려내 세상에 발표했다. 그중엔 세간에서는 잘나가는 글쟁이로 칭송받아온 교수와 언론인, 문인 작가들이 무려 80여 명에 이르렀다.

친구는 먼저 자신이 발견한 오류를 정리해서 작가들에게 보냈다. 기대와 달리 묵묵부답이었다. 자기 책을 홍보하고, 책이 잘

나갈 때는 장소 불문 떠들어대던 사람들이 자기가 저지른 실수와 치부 앞에서는 입을 꾹 다문 채 오히려 내 친구를 법적으로 고소하겠다는 등 협박해댔다.

이 친구의 원래 직업이 한국응용동물학회 간사였다. 즉 책과는 거리가 먼 직업이었다. 작가들은 알지도 못하는 비전문가가 건방지게 나선다며 면박을 줬고, 좋은 뜻에서 조용히 문제를 해결하고 싶었던 친구는 결국 독서계를 어지럽힌 베스트셀러 작가들을 혼내주기 위해, 엉터리 글로 독자를 기만하는 교수들을 혼내주기 위해 그동안 모은 자료를 책으로 출판했다. 재야 국어학자 미승우의 싸움이 시작된 것이다.

이번에 책을 쓰면서 그 친구가 자주 생각났다. 하던 일을 못 다하고 먼저 세상을 떠난 친구에게 보내는 선물 같다는 생각도 해봤다. 한편으로, 누가 알아주지도 않는데 자기 목숨도 돌보지 않고 열정적으로 살다 간 친구가 불쌍하기도 했다.

나 또한 이 나이가 되도록 책을 읽고, 책을 쓰려고 아등바등한다. 문득 왜 그럴까, 궁금해진다. 굳이 답을 찾자면 책의 세계가 무한하기 때문이다. 유한할 수밖에 없는 우리 인생에서 그 아쉬움을 달래주는 최고의 목표로서 많은 이들이 책을 첫손에 꼽는 이유다.

게다가 그 생김이 어찌나 다양한지 그토록 많은 사람들이 책의 세계에 살고 있음에도 그들이 마주하는 책의 얼굴은 제각각이다. 감히 야누스와는 비교가 안 된다. 책마다 자기만의 얼굴이 있고, 같은 책에도 읽는 이에 따라 표정과 생김이 변화한다.

독자인 우리들은 책 속에서 자기 자신을 찾고 있다. 나의 진짜 얼굴, 또는 내가 갖고 싶은 얼굴, 사람들이 원하는 나의 얼굴을 책 속에서 찾는다. 그래서 독서는 자기 자신을 구축하는 경험이다. 부모님이 물려주신 타고난 얼굴에서 벗어나 내가 직접 내 모습, 내 인생을 만들어나가는 것이다. 책을 통해서 말이다.

책이 만들어놓은 길을 따라 우리는 사회라는 울창한 숲을 지나고, 인생이라는 숱한 갈림길 앞에서 선택을 내린다. 그렇게 각자의 목적지에 도착하지만, 그곳이 최종 목표는 아니다. 성공도 아니다. 실패도 아니다. 그저 걸어온 길에 지나지 않는다. 그 너머에 또 다른 시작이 있을 뿐이다. 그래서 우리는 또다시 책을 찾는다.

책 앞에서 길을 잃고 압도되는 사람이 있는가 하면, 제대로 자기만의 길을 찾아내 즐겁게 인생의 여행을 즐기는 사람도 있다. 독서가 경험이 되어 삶에 녹아들기 위해서는 지혜도 필요하고 운도 필요하다. 책은 마법과 같아서 책을 사랑하는 사람에게는

마치는 글
·········

환상적인 기쁨을 안겨주지만, 책을 믿지 않는 사람들에겐 읽어 봐야 돈 한 푼 안 나오는 책 나부랭이가 되는 것이다.

책을 인생의 마법으로 만들 것인지, 아니면 종이쪽에 불과한 책 나부랭이로 만들 것인지는 인생을 바라보는 눈에 달렸다. 나의 삶을 어떻게 정의하느냐에 따라 책은 나의 인생을 베스트셀러로 만들어줄 수도 있고, 뻔할 뻔 자 찌라시로 만들어줄 수도 있다.

공자로부터 괴테에 이르는 성현들과 나와 동시대를 살아가면서 역경과 환란 속에서도 꿈을 실현시킨 사람들을 만나다 보면 삶을 대하는 태도가 달라질 수밖에 없다. 삶에 충실해지고 싶은 열망이 끓어오를 수밖에 없다. 책이 처음부터 마법을 부리는 게 아니라 책을 읽다 보면 책의 마법에 눈을 뜨게 되는 것이다. 따라서 책의 가치를 비하하고, 책을 읽어봐야 소용없다고 말하는 사람들 중에 실제로 책을 사랑해본 사람은 없다. 우리가 그들 말에 동요될 필요가 없는 까닭이다.

날이 갈수록 책이 많아진다. 반면에 읽을 만한 책은 점점 줄어들고 있다는 볼멘소리가 높아진다. 그런데 사람은 원래 부정적인 인식을 바탕으로 지성을 성장시켜왔기에 책이 많다는 말보다 책은 많아졌는데 읽을 책이 없다는 뒷말에 더 큰 관심을 기울이게 된다. 왜냐하면 읽을 만한 책이 없다는 변명으로 책과 멀어진 나의 삶에 면죄부를 주어왔기 때문이다.

부디 많은 분들이 책을 사랑하게 되기를 바란다. 책은 수천 년이 넘는 시간을 살아오면서 무수히 많은 언어와 셀 수도 없이 많은 사람들의 손으로 완성된 거대한 세상이라는 점을 기억해주기 바란다. 그렇다고 그 앞에서 주눅들 필요는 없다. 그 안에 우리가 있기 때문이다.

이 놀랍도록 고귀하고 초월적인 세계에 내 모습이 들어 있다. 내가 살아보지 못한 나의 과거, 내가 도달할 수 없는 나의 미래, 내가 잊고 지냈던 나의 오늘이 모두 담겨 있다. 책은 다른 누군가의 이야기가 아니다. 책이 보여주는 세상은 내가 가보지 못한 다른 나라가 아니다. 책이 말하는 그 사람은 꿈을 꾸는 나이며, 책이 보여주는 세상은 내가 만들어갈 바로 그곳이다.

마치는 글
·········
285

memo

memo

내 곁에 있는 책이 나를 말해 준다

베스트셀러 절대 읽지 마라

초판 1쇄 인쇄 2014년 11월 16일
1쇄 발행 2014년 12월 01일

지은이 김 욱
발행인 이용길
발행처 **모아북스**
MOABOOKS

관리 정윤
디자인 이룸
책임편집 김정연

출판등록번호 제 10-1857호
등록일자 1999. 11. 15
등록된 곳 경기도 고양시 일산동구 호수로(백석동) 358-25 동문타워 2차 519호
대표 전화 0505-627-9784
팩스 031-902-5236
홈페이지 www.moabooks.com
이메일 moabooks@hanmail.net
ISBN 978-89-97385-51-5   03320

모아북스 는 독자 여러분의 다양한 원고를 기다리고 있습니다.
(보내실 곳 : moabooks@hanmail.net)